LE LECTEUR
Y METTRA LE TITRE.

LONDRES.

1777.

Apprends maître causeur,

Dit alors au Coucou le chantre des feuillages,

Qu'il ne faut point compter, mais peser les suffrages,

Et pour être touché, qu'il faut avoir un cœur.

(*Traduit de l'Allemand de M. Gellert.*)

HOrace, qui, ſouvent en ſe jouant, embellit la raiſon, a dit : que c'étoit une preuve d'ignorance ou de ſtupidité que d'admirer trop facilement. je crois qu'il penſeroit aujourd'hui que c'eſt le véritable appanage d'un ſot orgueil que de n'être content de rien.

Cette ridicule ſévérité eſt un peu la manie du ſiécle. chaque jour voit paroître de nouveaux juges, qui, trouvans qu'il eſt plus facile de condamner d'un ton tranchant & décidé, que de produire même du mauvais, préférent le premier rôle au ſecond, décrient & découragent les talens.

Ce n'eſt pas, je le ſais bien, qu'aujourd'hui les hommes moins enthouſiaſtes que jamais (car l'enthouſiasme ne naît que dans les ames fortes & paſſonnées) ne ſoient cependant trop ſouvent ridicules par l'engouement le plus excluſif ; mais leurs tranſports ſont des grimaces. Une *coterie* vante ſes *Coryphées* : une *cabale* décide que tels ou tels ſeront réputés *grands hommes :* elle les préconiſe : elle les déifie : de tels arrêts n'ont heureuſement point une puiſſance, ni fort étendue, ni fort durable.

D'ailleurs cette eſpèce de fanatisme n'eſt pas commun ; le plaiſir le plus général, la mode la plus univerſelle, c'eſt de faire le connoiſſeur; c'eſt de juger, prononcer, critiquer.

Un Poëte comique, qui ſans doute avoit de l'humeur, a dit avec préciſion dans un vers heureux:

La critique eſt aiſée, & l'art eſt difficile.

Cela eſt vrai, ſi l'on compare le mérite réel, l'étendue de génie de celui qui critique & de celui qui crée.

Mais à conſiderer cet *adage*, ſous tout autre point de vue, je le trouve très inexact. il faut prodigieuſement de connoiſſances & d'eſprit pour être un bon critique. le vrai critique, à prendre ce mot dans toute ſon étendue, devroit avoir dans l'imagination autant de modèles qu'il y a de genres. je crois, qu'en un tel ſens, cet homme eſt encore à trouver.

Mais, ſans porter ſes prétentions ſi loin, il faut, au moins pour atteindre à la médiocrité, connoître à fond le travail qu'on oſe juger, & l'art qui l'a produit.

Il faut plus encore pour apprécier les ouvrages d'imagination; il faut un tact fin & rapide, une ſenſibilité exquiſe & exercée, il faut enfin ce que le commun des hommes n'a pas & ne peut avoir.

Pourquoi donc s'ériger en Ariſtarque? il eſt permis de ne pas ſe connoître en poëſie, en peinture, en muſique: on peut-être utile à ſa famille, à la ſociété même, ſans être homme de lettres: on peut calculer avec beaucoup d'exactitude, ſpéculer avec beaucoup de ſageſſe, & ne connoître ni le chef-d'œuvre du Taſſe, ni les beautés de Sacchini; mais il ne faut point exiger que tous les hommes ſoient circonſcrits dans notre Sphère, aſtreints à nos goûts, ſoumis à nos caprices, bornés aux mêmes ſenſations que nous: il ne faut pas ſurtout, ſous peine d'être injuſte, juger ce qu'on ne connoît, ni ne peut connoître.

Encore, ſi l'on rendoit compte de bonne foi de ce que l'on ſent! celui qui condamna la chauſſure du perſonnage principal d'un des tableaux d'Apelle, lui fût utile. Ce grand peintre l'écouta tant qu'il ne parla que de ſon métier.

Il eſt d'ailleurs des ſenſations à la portée de tous les hommes. le peintre des mœurs, le philoſophe de toutes les nations, Moliere épioit la nature en obſervant une femme du peuple. ſouvent un ſentiment n'en eſt que plus vrai, une ſenſation n'en eſt que plus naïve, quand elle eſt le fruit d'une ame neuve & ſimple. un homme privé des ſecours de l'étude, eſt dégagé des entraves de l'imitation: ſuppoſez le bien organiſé, ſuppoſez le ſenſible, il ſera délicieuſement affecté en entendant de bonne muſique, & s'ennuiera de la mauvaiſe : il aura le tact ſûr; il jouira, mais il ſe gardera bien de juger.

Obſervez même qu'il lui faudra quelque habitude d'entendre de la muſique, pour en ſaiſir la beauté, car des oreilles non exercées trouveront plutôt une cacophonie déſagréable dans la diverſité des parties, qu'une combinaiſon expreſſive; la multiplicité des ſenſations occaſionne une confuſion, qui ôte la faculté de ſentir, & à plus forte raiſon, celle de juger; cette confuſion, cet étourdiſſement diſparoîtront par l'habitude: le plaiſir leur ſuccédera, & le goût enſuite.

Je parle ici d'un homme, qui écoute pour entendre, & non pas pour critiquer; qui n'a point un projet fait de trouver tout mauvais, qui interroge ſes ſenſations, & ne s'arme pas contre elles.

Mais la plupart de ces critiques, qui, ſemblables au Grec de Juvenal, toujours opinent, diſputent avec eux mêmes de mauvaiſe foi: ils cherchent à ſe dérober au plaiſir: ils le repouſſent: ils ſe ſont promis de ne pas s'amuſer; ils ne s'amuſeront pas, ou s'ils ſont contraints de s'intéreſſer à ce qu'ils entendent, ſi leurs organes trahiſſent leur malignité, ils n'en crieront qu'un peu plus fort: QUE CELA EST MAUVAIS! je crois que ſi vous les ſurprenez pleurans, ils diront plutôt qu'ils ont eu tort d'être attendris, qu'ils ne conviendront du génie de l'homme qui a remporté cette victoire sur leurs ames arides.

On voit de ces exemples tous les jours; on les voit d'abord avec humeur; ensuite avec pitié, bientôt avec indifférence.

J'ai éprouvé cependant qu'il étoit pénible d'être contrarié dans le moment où l'on reçoit du plaisir. l'absurdité ou la mauvaise foi de ceux, qui vous entourent, l'empoisonnent en quelque sorte. d'ailleurs, celui qui n'est pas sensible aux injustices, qu'éprouvent les gens à talens, ne méritera jamais la célébrité; & c'est, après tout, la moindre reconnoissance que nous puissions témoigner à ceux dont les travaux nous instruisent, ou nous amusent, que de nous intéresser à leurs succès.

J'étois, il y a peu de tems à Amsterdam, où les arts utiles sont beaucoup plus encouragés, cultivés & accueillis que les arts agréables. l'Hollandois accoutumé à CALCULER, calcule aussi ses plaisirs. peut être cela paroît-il singulier à d'autres Européens moins froids, ou moins flegmatiques, ou moins sensés (car je me garderai bien de disputer sur les mots). . . . . mais enfin, telle est leur habitude: chacun a son genre d'INTÉRÊT, son genre d'amusement; & aprés tout, il faut avouer qu'Amphion, au son de sa lyre, n'eut pas élevé les digues qui défendent les marais Bataves des fureurs de la mer.

Cependant on sait, (& les sages Hollandois le savent mieux que tous autres) que l'austérité parcimonieuse de leur païs opulent & célèbre a beaucoup diminué, le luxe n'effraye plus les hommes; il plaît aux dames, & personne n'ignore tout le cortège que le luxe entraîne après lui.

Le goût des arts agréables a donc penétré en Hollande. il est vrai qu'il n'est encore qu'une mode: on y paye de grands artistes, parceque ce luxe flatte l'amour propre. ces artistes desireroient peut-être que leurs RICHES auditeurs fussent PLUS QUE RICHES; car il faut de l'argent pour vivre; mais il faut aussi de la réputation, de la célébrité, des applaudissemens; le desir de la gloire est l'ame du génie.

On va au concert à Amsterdam, parceque c'est un moyen de se rassembler dans un païs où l'on n'a point de sociétés; parceque ceux qui n'aiment pas la musique, y admirent des femmes jolies & sans doute aimables; parceque celles qui n'entendent rien à l'art de combiner des sons, y sont du moins regardées, & qu'être regardé a bien un prix, lorſqu'on eſt ſûr, ou qu'on croit, ou qu'on eſpere mériter cette attention.

Les concerts ſont donc fréquentés à Amſterdam, & cependant le goût de la muſique y eſt encore à ſon berceau. il y a vingt-cinq ans qu'on ne citoit dans cette grande & opulente ville qu'un ſeul concert; (1) un petit nombre d'adeptes s'y rendoit quelquefois: les autres en parloient comme le peuple parle des franc-maçons, ou du grand œuvre, ou du *Loup-garou.* c'étoient des myſtères pour le plus grand nombre, qui diſoit: COMMENT PEUT-ON FAIRE DE LA MUSIQUE!

Elle vient donc de naître en Hollande, & par conſéquent il eſt peu de connoiſſeurs. n'importe: on ne devient connoiſſeur qu'en entendant de bonne muſique, comme on ne devient exécuteur qu'en s'exerçant.

Mais il ne faut pas être trop preſſé de juger; il ne faut pas donner des leçons avant d'en avoir reçu: il ne faut pas croire que les talens & le génie ne ſe paient qu'avec de l'argent. il faut ſavoir que l'homme capable de réuſſir dans les ouvrages d'imagination, de quelque nature qu'ils ſoient, n'eſt habile qu'en raiſon de ſa ſenſibilité, & que cette

(1) Celui de LOCATELLI.

ſenſibilité rend l'auteur & l'artiſte très ſuſceptibles, trop ſuſceptibles même ; car ils devroient penſer, à leur tour, qu'il eſt des critiques qu'on doit dédaigner, & des détracteurs qui honorent. . . . .

Quel eſt donc votre objet ? dit déjà le lecteur, qui par oiſiveté, curioſité, ou je ne ſais quel autre motif, a ouvert ce panflet ; *je ne le devine point encore* . . . . un moment, je vous prie, je n'en ſuis pas ſi loin que vous penſez.

Je diſois qu'on trouve en Hollande, peu de connoiſſeurs en muſique ; & que cependant on y juge les Muſiciens, & la muſique d'un ton déciſif, ironique, décourageant : j'ajoute que quelques-uns de ces jugemens, ſont injuſtes & même abſurdes : voyons ſi je pourrai le prouver.

Je ne me contenterai pas pour cela d'atteſter les habitans d'Amſterdam, qu'ils ſont partagés ſur le mérite d'une *Virtuoſe* célèbre dans l'Europe, & rivale de la *Signora Gabrielli* : qu'à peine ſe doutent-ils depuis quelques inſtans de ſon extrême habileté, que quelques-uns même lui refuſent encore tout éloge. . . . . ſi je diſois tout ce qu'il faudroit à cet égard, on ne m'entendroit pas, ou l'on me croiroit amoureux de cette excellente

Cantatrice, moi qui ai juré de ne plus aimer, & qui sais, d'ailleurs, que la Signora C****, aussi singulière par ses mœurs que par ses talens, veut être sage ; c'est une maladresse, à la bonne heure ; mais enfin il ne faut pas disputer des goûts. (1)

Pour prouver ce que j'ai mis en fait, je ne rappellerai pas non plus à mes lecteurs, que quelques-uns d'eux comparent & même préferent un ENFANT à un violon du premier ordre ; car je ne veux point critiquer un *enfant*, qui deviendroit peut-être habile, s'il ne croyoit pas l'être ; & je trouve fort naturel que ceux qui n'entendent rien à la musique, soient étonnés de la rapidité qui porte à leurs oreilles, peu délicates une multitude de notes bien ou mal exécutées ; on peut aimer le *bruit*, quand on ne se connoît pas en *sons*.

(1) Quelques personnes reprochent à Madame C** la froideur de son maintien en chantant ; pour moi, qui crois qu'il est fort différent de chanter dans un concert ou sur le théatre ; je me contenterai de dire qu'on prend pour dédain ce qui n'est que découragement. Cette grande cantatrice accoutumée aux applaudissemens les plus vifs, sait trop qu'elle chante aujourd'hui devant certains auditeurs plus sévères que connoisseurs.

Je parlerai donc des *choſes*, pour ne pas bleſſer les *perſonnes*, des *compoſitions* pour ne pas offenſer les *exécuteurs*; cette diſcuſſion, ſera plus utile que des plaiſanteries, auxquelles on ne manqueroit pas de prêter de la malignité.

On a exécuté depuis quelque tems à Amſterdam, deux compoſitions de muſique inſtrumentale d'un genre nouveau & d'un mérite diſputé.

L'auteur de ces ouvrages eſt M. R * *. ce *Virtuoſe* eſt connu depuis longtems par ſon extrême habileté ſur le violon, par le très rare avantage d'avoir une manière à lui, & par la réunion preſque unique des talens du Symphoniſte & de l'accompagnateur, talens ordinairement refuſés aux artiſtes occupés des SOLO, ou des concerts obligés; car ces genres ſemblent s'exclure. Mais M. R * * eſt beaucoup plus recommandable encore comme compoſiteur; car *Lolli* exécute, mais *Sacchini* invente. Boëce honoroit du nom de MUSICIEN, celui qui poſſédoit la théorie de ce bel art, & non pas celui qui ne pouvoit qu'exécuter ſervilement la muſique des autres: il ne reconnoiſſoit pour MUSICIEN que celui qui imaginoit vivement & ſentoit fortement, & non celui qui n'avoit que de l'agilité dans les doigts.

L'objet de l'une des compoſitions de M. R * * eſt de peindre les apprêts d'un combat & le tumulte de l'action, d'exprimer les cris dont retentit le champ de bataille, lorſque la foudre a ceſſé de détruire, & les ſenſations douloureuſes que produit un tel ſpectacle.

Certainement ce ſujet eſt très bien choiſi : il eſt fortement déterminé, les marches guerrières ſont abſolument du reſſort de la muſique inſtrumentale : l'agitation, le fracas d'une bataille, les cris des bleſſés, les gemiſſemens des mourans, tous ces détails ne peuvent produire que des ſons inarticulés. une ſymphonie eſt donc évidemment propre à peindre ces différens tableaux, lorſque le Muſicien qui la compoſe, peut s'enflammer, exalter ſon imagination, imiter enfin avec énergie & vérité.

La compoſition de M. R * * intitulée LA BATAILLE renferme huit pieces qui toutes ètincèlent de beautés.

Les marches ſont très impoſantes, & toutes deux d'un caractère diſtinct. Cela devoit être ainſi, & n'en devenoit pas plus facile ; en effet une troupe n'avance point à l'ennemi, comme elle ſe met en bataille : les mouvemens, la contenance, les ſenſations ne ſont point les mêmes dans ces deux ſituations : le coloris du tableau doit donc varier, & cette variété est le dernier périóde de l'art; car elle constitue la verité de l'imitation.

La suite de SOLO, tous de la mélodie la plus noble, que l'on entend dans la troisieme pièce, me paroît une idée très heureuse. les huit instrumens principaux les exécutent; & le Musicien retrace ainsi la déliberation du conseil de guerre, où chacun opine. & trouve une occasion naturelle de développer l'expression, le caractère, l'étendue, les richesses de chacun des instrumens qu'il fait parler.

Le sixieme morceau, destiné à peindre l'action, est d'une harmonie rare & frappante, les grands effets s'y succedent rapidement, & ne se ressemblent jamais. cette pièce pleine d'invention, d'une chaleur vigoureuse & continuellement soutenue, inspire l'étonnement & la terreur.

Les accens de douleur, qui succedent à ce torrent d'harmonie, forment un contraste de la plus grande beauté, & sont d'un patéthique qui réussira dans tous les païs où l'on trouvera des oreilles exercées & des organes sensibles.

Enfin les chants de victoire, qui finissent cette belle composition, sont d'une allégresse, qui, pour être vive & bruyante, n'en porte pas moins un caractère de nobleſſe mâle & belliqueuſe, très difficile à ſaiſir dans un tel genre de mouvement & de modulation.

Le ſecond ouvrage de M. R * * eſt, comme il l'a appellé lui même, *une compoſition dans laquelle il s'eſt efforcé de faire alluſion, autant qu'il eſt poſſible par des ſons dénués de paroles, aux aventures de Telemaque dans l'iſle de Calypſo.*

Certainement les difficultés s'offrent ici en foule. il faut lutter contre un Poëte, & un très grand Poëte; car comment appeller cet immortel chef-d'œuvre, d'une harmonie ſi ſupérieure & ſi continuelle, où l'imagination & la raiſon ſe montrent ſans ceſſe émules l'une de l'autre, ſi l'on ne reconnoiſſoit de poëſie qu'où l'on rencontre des rimes? qui oſera juger entre Calypſo & Didon?

Ce dernier ouvrage de M. R * * n'a pas eu, un auſſi grand ſuccès que la bataille; il n'a point été ſi univerſellement applaudi: cependant quelle diſtance de ce travail au premier! quelle différence dans les efforts, qui ſans doute ont été proportionnés à l'étendue de l'idée! comment croire que celui qui a montré le génie de l'invention dans un ſujet borné, traité par mille autres, & qui devoit par conſéquent frapper beaucoup moins ſon imagination, en ait manqué dans un ſujet infiniment plus vaſte &

plus varié? assurément je ne pense pas ainsi: je crois le Musicien aussi supérieur dans cette dernière composition, que son objet est réellement plus élevé.

Mais mon opinion est loin d'être une preuve: je le sens & j'en conviens sans peine. pour prix de ma sincérité, je demande qu'il me soit permis d'examiner les objections de ceux qui ne pensent pas comme moi. leurs remarques ne sont pas nombreuses.

Le drame musical de M. R * * a été critiqué par plusieurs personnes qui ne l'ont point écouté, qui n'en ont par conséquent ni saisi l'ensemble, ni suivi les détails . . . . . que dis-je? la plupart de ces juges sévères, qui ont lancé anathême sur ce travail immense, qu'un grand maitre n'oseroit peut-être point apprécier, s'il ne l'entendoit qu'une fois, n'ont pas même la connoissance des caractères de la musique.

Cependant ils ont dit quelque chose; parce qu'il faut bien avoir une opinion, ou en répéter une.

Les uns se sont écrié: *quelle folie! quelle présomption que de vouloir raconter une histoire en musique!*

Les autres ont déclaré franchement qu'ils N'ENTENDOIENT *rien là qui* RESSEMBLA *à Telemaque*. . . . . . .

Et

Et qu'on ne croye point que ce ſoit ici une plaiſanterie ; j'ai tout écouté, tout entendu, tout réſumé, & le TOUT ſe réduit là.

Au reſte, pour montrer combien ie ſuis de bonne foi, je vais donner à ces formidables objections l'apparence de la raiſon ; mais comme ce n'eſt pas ma méthode de poſer, tout à coup une opinion en principes, je propoſerai modeſtement, & je tâcherai de réſoudre les queſtions ſuivantes.

La muſique eſt-elle un art auſſi frivole, auſſi borné, auſſi inutile, qu'affectent de le penſer ceux qui ne la connoiſſent point ?

La muſique inſtrumentale peut-elle exprimer des paſſions & exciter des ſenſations ?

Eſt-il poſſible de faire une bonne compoſition de muſique inſtrumentale, ſans s'être propoſé de peindre un objet déterminé ?

Quelle eſt la différence de l'art du Poëte à celui du Muſicien ? quelle eſt celle des ſenſations qu'ils excitent ? que ſe doivent-ils l'un à l'autre ? que peuvent-ils indépendemment l'un de l'autre ?

D'après la ſolution des queſtions précédentes, ne peut-on pas ſoutenir que les bornes de la muſique inſtrumentale ſont moins reſſerrées que celles de la muſique vocale ?

Une fois ces principes établis, j'examinerai ſi M. R * * a tiré de ſon ſujet tout ce qu'on devoit en attendre.

Voià, ce me ſemble, l'état de la queſtion préſenté ſous le jour le plus ſavorable aux critiques de M. R * *; car enfin il pourroit leur dire: *Meſſieurs, ſi je vous ai fait plaiſir, n'eſt-ce pas aſſez? ſi ma muſique eſt bonne, ſi les connoiſſeurs la trouvent telle; n'eſt-ce pas aſſez?*

On lui répondroit avec quelque raiſon, *vous nous avez promis de faire alluſion aux aventures de Telemaque: nous ne vous en tenons point quitte: Telemaque ou rien.* bienheureux ſera-t-il le pauvre compoſiteur, ſi l'on n'exige de lui qu'il montre la grotte de Calypſo, & ſes beaux yeux & ceux d'Eucharis ...... mais il faut remplir ſes engagemens: voici donc la diſcuſſion que j'ai promiſe.

La muſique eſt elle un art auſſi frivole, auſſi borné, auſſi inutile qu'affectent de le penſer ceux qui ne la ſavent point? Iere. QUESTION.

La muſique, ſelon ſa définition la plus générale, eſt L'ART DE COMBINER DES SONS D'UNE MANIÈRE AGRÉABLE À L'OREILLE.

Cet art devient par le nombre infini des combinaiſons & la quantité des effets, que produiſent ou peuvent produire ces combinaiſons, une ſcience vaſte & ſans bornes, intéreſſante & profonde, ſublime même & très utile, aux yeux du philoſophe. c'eſt ce que l'antiquité atteſte à ceux, qui ne jurent que par elle, & croyent qu'on ne peut avoir raiſon qu'avec elle.

Perſonne n'ignore quelle idée les anciens s'étoient formées de la muſique. ils la definiſſoient: *l'art du beau & de la décence dans la voix & dans les mouvemens du corps.*

Cette définition, qu'on a trouvée vague, me paroît démontrer ſeulement quelle étendue avoit chez eux la ſcience muſicale.

On ſait l'uſage ſouverainement important, dont étoient les arts en général chez les Grecs: réduits aux mêmes principes, dirigés vers le même but, fortement encouragés, ils eurent tous un égal ſuccès, des progrès rapides, & une véritable utilité.

La muſique la poëſie & la danſe, qui ne faiſoient dans la Grece qu'une même ſcience, ſervoient puiſſamment la politique & la morale; & accélérerent la civiliſation, & l'organiſation des ſociétés.

L'idée de la reconnoiſſance, que les hommes devoient aux inventeurs de la muſique, fut ſi profondément gravée dans le cœur des anciens, qu'elle en devint une ſorte d'idolâtrie. ici c'eſt un homme preſque divin à qui l'on attribue l'invention de la musique: là c'est un Dieu (1). c'est à l'harmonie qu'*Hermès*, *Orphée*, *Terpandre*, *Stesichore* durent leurs succès & la reconnoissance des hommes. les anciens, dit Strabon, estimoient que la poësie avoit été la premiere philosophie, par laquelle les hommes tirés de l'enfance furent conduits à une vie raisonnable, & s'instruisirent agréablement de tout ce qui concernoit les mœurs, les sentimens & les actions.

Prés de quatre siècles avant cet historien philosophe, le sage Platon, ce cèlebre émule du plus vaste génie qu'ait produit l'antiquité, assuroit nettement, qu'un changement, dans la musique, en nécessitoit un dans la constitution de l'état, & qu'on pouvoit assigner les sons capables d'exciter au vice ou à la vertu, de produire le courage ou la pusillanimité.

Et qu'on n'attribue pas cette opinion à l'enthousiasme poëtique, qui embrase souvent l'imagination de Platon.

On pensoit généralement comme lui sur l'influence de la musique. Sparte, la sévère & peut-être

(1) Voyez le dialogue de Plutarque sur la musique. un des interlocuteurs prétend que l'inventeur de cet art est *Amphion*: l'autre, que c'est *Apollon*.

farouche Sparte craignoit l'afcendant de cet art magique. Boëce nous en a confervé la preuve, en faifant paffer jufqu'à nous le décret des Ephores qui bannit Timothée Milefien, pour avoir ajouté quatre cordes à la lyre. les termes de ce décret font remarquables.

„ D'autant que Timothée le Milefien, habitant
„ de notre ville, a deshonnoré notre ancienne mufi-
„ que, & dédaignant la lyre à fept cordes, a cor-
„ rompu l'oreille de notre jeuneffe, en introduifant
„ une trop grande diverfité de notes: & d'autant
„ que par le nombre de ces cordes & la nouveauté
„ de fa mélodie, il a donné à notre mufique une
„ parure efféminée & artificielle, au lieu de la
„ manière fimple & unie qu'elle avoit confervée
„ jufqu'ici, & qu'il a rendu notre mélodie infa-
„ me, en fubftituant le fon chromatique à l'en-
„ harmonique: nous Roi & Ephores avons, en
„ conféquence, réfolu de cenfurer le dit Timo-
„ thée, à-caufe de fes innovations, & en outre de
„ l'obliger de couper en pièces toutes cordes fu-
„ perflues de fa lyre à onze cordes, & de n'en laif-
„ fer que fept, & afin que tout le monde puiffe
„ être averti, par fon exemple, de ne pas introdui-
„ re à l'avenir des coutumes pernicieufes à Spar-
„ te, nous avons banni le dit Timothée.

La MÉLODIE, jointe à la poësie, étant le truchement des légiſlateurs & des prêtres, il ne faut pas s'étonner, ſi elle devint une parie eſſentielle de l'éducation. Homere qu'on appelle communément le pere de la poësie, & que j'en regarderois plutôt comme le dieu, donne aux *chantres* ou poëtes le nom de *précepteurs*. Lycurgue raſſembla tous les ouvrages de ce génie céleſte, appella Thalès, & le fit venir de l'iſle de Crète à Sparte pour être ſon coopérateur.

L'application de la muſique à la médecine eſt de l'antiquité la plus reculée. tout le monde en convient, quoiqu'on ne ſoit pas d'accord ſur le degré de confiance que l'on doit en ce genre aux relations, que les hiſtoriens ou les philoſophes nous ont transmiſes.

En 1749 il parut à Londres un ouvrage (1) dans lequel l'auteur prétend prouver, par divers exemples, l'influence de la muſique ſur les perſonnes attaquées des maladies produites par les paſſions. il s'éleve contre l'opinion, aſſez généralement reçue, que les effets de la muſique, rapportés par les an-

(1) Ce titre eſt : *reflections on ancient and modern muſic, With the application to the cure of diſeaſes.* conſultez auſſi le traité du ſavant Voſſius de *viribus cantûs & rhythmi.*

ciens, font exagérés. cet auteur cite entre autres anecdoctes, dont il appuie fon opinion, l'hiftoire d'un Ecoffois, qui, dans la revolution de 1715, ayant été entraîné dans le parti du prétendant, perdit, à la bataille de Dunblain, fes deux fils & vit par les fuites de cette bataille tous fes biens confisqués. il fut bleffé grièvement lui même, fauvé par de finguliers hafards, & fe retira à Edimbourg dans l'état le plus déplorable. fon chagrin dégénéra en un défespoir fombre, & il réfolut de mourir de faim. fes amis ne favoient comment combattre cette haine de la vie. il avoit autrefois aimé la harpe avec paffion: on lui fit entendre un muficien habile fur cet inftrument. la révolution qu'il produifit fut rapide, & d'abord pénible. le malade fe plaignit qu'on vint agiter fon ame, & troubler fes méditations. chaque jour on répéta cette heureufe expérience, & chaque jour les effets en devinrent plus falutaires; enfin l'Ecoffois recouvra la fanté & la raifon.

Il me paroît certain que la mufique peut-être d'une utilité réelle dans l'art de guérir. la connoiffance de l'économie animale, du jeu des fibres, du fluide nerveux, de l'influence de la modification de l'air, & furtout de celle des paffions fur la machine humaine, rend cette opinion très probable,

& fourniroit le ſujet d'une diſcuſſion profonde, qui ne ſeroit ni ſans intérêt, ni ſans utilité. il eſt certain qu'en examinant quelle eſt la manière, dont la muſique affecte les hommes en général, & quelques-uns en particulier, on pourroit fixer juſqu'à quel degré elle peut agir; & les corollaires qui naîtroient de cette recherche, indiqueroient ce qu'elle peut comme remède médicinal. je n'ai ni le tems, ni la volonté, ni la force d'entreprendre un tel ouvrage; mais je vais hazarder quelques idées, que le ſimple apperçu du ſujet a fait naître en moi.

Je crois que tout homme raiſonnable, eſt convaincu de l'action réciproque du corps ſur l'ame. Celui qui ne l'admet point, n'exigera pas que j'ajoute un mauvais livre à la quantité des bons ouvrages qui ont été écrits ſur cette matière. (1) je le prierai ſeulement d'obſerver, ſi tout ce qui change la conſtitution du corps, n'affecte pas l'ame plus ou moins, & réciproquement.

Qu'il étudie la ſituation de l'ame d'un podagre, lorsque le levain de la goutte dévore & corrode ſes articulations.

(1) Voyez, entre autres, les diſcours académiques du profeſſeur Gaubius.

Qu'il examine l'inquiétude presque folle du malade, dont les viſcères obſtrués d'une matière tenace & viſqueuſe ont produit l'hypocondrie:

Les extravagances de cet infortuné attaqué d'une fièvre ardente; (peu de jours auparavant peut-être, étonnoit-il par ſon génie,)

Le délire de celui que l'ivreſſe a ſurpris;

L'eſpèce de ſtupidité, qu'occaſionne une trop grande réplétion d'eſtomac:

Qu'il examine tout cela, dis-je; celui qui niera mon premier principe, & je doute qu'il trouve des raiſons pour combattre de tels exemples.

Pour moi, quand je vois un homme aux yeux étincelans au viſage pâle, aux lèvres livides & tremblantes, dont les dents ſe heurtent & ſe froiſſent, dont la bouche vomit l'écume, dont tous les membres ſont agités par des treſſaillemens convulſifs: je comprends que les paſſions colériques affectent le corps.

Mais ſi je rencontre les regards doux & timides de ce jeune amant, dont le viſage décoloré, mais couvert d'une toute autre pâleur que celle du furieux que je viens de quitter, dont la bouche riante & entr'ouverte, la voix entrecoupée, les ſoupirs contenus me décèlent la tendreſſe, je vois que cette délicieuſe émotion a des ſymptômes phiſiques, qui tiennent inſéparablement aux effets moraux.

Les larmes, l'agitation, les contractions convulſives me peignent la douleur, plus énergiquement que les paroles les plus touchantes.

Ces ſourcils froncés, ces lèvres étroitement fermées, ne me laiſſent point douter que celui-ci médite.

Le rire amer, le viſage décharné & tendu, l'œil ſournois de celui-là m'apprennent qu'il eſt envieux . . . . . .

Je ne doute donc point de l'action mutuelle de l'ame ſur le corps & du corps ſur l'ame; parce que l'expérience journalière m'en offre mille & mille preuves.

De cette réciprocité d'action, je conclue par analogie, que ſi les paſſions violentes de l'ame produiſent des effets ſi remarquables; des paſſions moins puiſſantes doivent produire, à proportion, des changemens moins frappans, mais réels, & qui n'ont d'effet perceptible que par leur durée. Certaines affections habituelles, telles que l'avarice, l'hypocriſie religieuſe, (qui produit l'intolérance & le fanatiſme,) la vraie piété, la moroſité, peuvent à pas lents changer entièrement l'ame. il en ſera de même de certaines maladies chroniques, telles que les douleurs rhumatiſinales, la goutte, les fièvres intermittentes, les hydropiſies, les phtyſies &c. qui, ſans être de la plus extrême violence, opèrent une révolution progreſſive, mais certaine.

J'en conclurai auſſi que ces paſſions ſe feront remarquer par des ſymptômes phiſiques très intelligibles, pour des yeux pénétrans & obſervateurs; mais qui échapperont, peut-être, à des yeux moins perçans, moins accoutumés à obſerver.

De ſimples ſenſations communiquées à l'ame par la médiation des ſens, changent auſſi très perceptiblement la conſtitution du corps, ſans même que l'ame ſemble vouloir ordonner au corps, ou le faire agir: ceci n'a pas beſoin de preuve. l'homme le plus intrépide n'at-il pas tréſſailli quelquefois en entendant un coup de fuſil inattendu? en appercevant une lumière éclatante & ſubite dans l'obſcurité? la douleur nous fait retirer les membres, ſans que l'ame ait le tems d'ordonner aux muſcles.

A tous ces effets, on a donné le nom général de *frayeur*, mais cette frayeur eſt bien différente de celle qu'occaſionne un événement plus circonſtancié, dans le quel l'ame raiſonne, quoique confuſément. par exemple: je me crois ſeul dans ma chambre; quelqu'un me touche légèrement: je ſuis effrayé, ce qui ne ſeroit pas, ſi j'euſſe prévu qu'on pût pénétrer jufqu'à moi. il eft clair qu'ici l'ame penfe quoique confufément.

De même que les paffions, à raifon de leur violence & de leur durée, changent la conftitution du corps; de même il eft des fenfations moins violentes, qui l'affectent moins fubitement, mais qui par leur durée la changent auffi. un chatouillement, trop longtems répété, peut donner des convulfions. des fenfations agréables, trop longtems foutenues, deviennent indifférentes, & à la fin infupportables. le plus beau fon qui flatte mon oreille, s'il eft continué jufqu'à un certain degré, la heurtera très défagréablement. ces effets font tellement dans la nature, qu'on les retrouve même dans les brutes. paffez la main fur le dos d'un chat pendant un certain tems; il vous apprendra que cette careffe, qu'il a reffentie vivement d'abord, lui fait beaucoup de mal. un fon n'affecte point défagréablement un chien pendant quelques inftans. s'il fe prolonge, fon inquiétude fera extrême, & la fenfation deviendra fi douloureufe, qu'il eft poffible de le faire expirer. on en a vu des exemples.

En un mot, fi vous exceptez les loix de la nature, qui paroiffent éternelles & immuables, vous trouverez, qu'elle montre la plus grande répugnance pour l'uniformité. tous ſes ouvrages varient, & l'ordre eſt le réſultat de cette variété.

Je laiſſe aux ſavans obſervateurs le ſoin de déterminer, s'il faut chercher la cauſe du mal-être produit par l'action trop longue des ſenſations, dans la trop grande diſtenſion des fibres nerveuſes, ou dans l'impreſſion trop profonde des objets dans le cervelet, ou dans le trop abondant, & trop long écoulement des eſprits nerveux vers une même partie, qui épuiſe les autres regions du corps en les privant de cette matière ſubtile & active. qu'ils agitent cette thèſe, ſi elle n'excede pas leurs forces; pour moi je m'en tiens au fait, & je dis qu'il faut, à moins de ſe refuſer à l'évidence, convenir que le corps & l'ame forment l'un ſur l'autre une action & une réaction continuelle, quelle que ſoit la cauſe de ce rapport.

S'il eſt vrai que les ſenſations & les actions du corps influent ſur l'ame: ſi les affections & les paſſions de l'ame influent ſur le corps, plus ou moins, ſelon leur intenſité & leur durée; il eſt évident que tout ce qui eſt capable de modifier, de calmer, d'augmenter, de changer, de faire ceſſer les cauſes quelconques de ces ſenſations, de ces paſſions, doit auſſi augmenter, diminuer & changer leurs effets dans l'un & l'autre principe.

Mais la musique peut produire quelques unes de ces modifications ; c'est ce que je m'efforcerai de prouver, en examinant les faits les plus ordinaires & les observations les mieux constatées.

Le soldat ne marche-t-il pas plus facilement & plus gaiement, si le mêtre & la cadence des tambours soutient & régle son pas ? si cette batterie est soutenue par des airs analogues, ses effets ne doubleront-ils pas ? selon que le mouvement est plus vif ou plus lent, le soldat n'est il point presque invinciblement déterminé à presser ou rallentir le pas ? c'est ce qu'assure le plus savant Général de ce siècle (1) : c'est ce que l'expérience continuelle nous apprend, quelque défectueuses que soient nos marches ; c'est ce qu'atteste l'histoire des arts de toutes les nations.

Chardin dit qu'en Perse lorsqu'on entreprend quelque ouvrage très pénible & pressé, on assemble tous les habitans du quartier, qui travaillent au son des instrumens.

Tous les artisans se délassent par une rustique, mais salutaire mélodie. le laboureur supporte le poids de la chaleur, & l'allége en chantant.

(1) Rêveries du Marechal de Saxe.

Le forgeron ſouleve plus aiſément le marteau, ſous le quel il fait gémir l'enclume, ſi une meſure préciſe détermine ſes efforts.

Le batteur en grange ne pourroit ſoutenir cette fatigue exceſſive, ſi la diviſion de la durée du tems, qui ſépare chacun des coups, qu'il lance ſur la gerbe, ne le ſauvoit de l'épuiſement.

Si la mélodie délaſſe l'homme de lettres d'un travail trop aſſidu, elle occupe auſſi cet oiſif, qui, incertain s'il exiſte, traîne après lui l'ennui qui le conſume.

Cette jeune beauté, ſi délicate & ſi foible, qui croiroit périr, ſi elle étoit forcée de marcher une demie-heure, danſe pendant une nuit entière, ſi ſes pas ſont meſurés, & ſes mouvemens réglés par le ſon des inſtrumens.

Cette dernière obſervation eſt, très importante & démontre que la muſique peut augmenter conſidérablement l'énergie du corps humain. tous les exercices violens mettent le corps & l'ame dans une ſituation forcée. ils peuvent être enviſagés, comme autant de cauſes morbifiques, que la muſique atténue ou détruit entièrement. on répondroit envain, que ceux qui ſe livrent à ces exercices, ſe portoient bien avant de les commencer ; il n'en eſt pas moins vrai que dans ce moment où la muſique ſoutient les forces de ceux qui les prodiguent à des travaux exceſſifs, à des jeux ſi frivoles, & peut-être ſi dangereux, l'abattement, les maux de tête, la ſueur exceſſive, la ſoif ardente prouvent aſſez que leur corps n'eſt pas dans un état naturel.

La muſique a donc une grande influence ſur l'organiſation humaine. examinons maintenant ce qu'elle peut dans les maladies de l'ame, qui influent ſur le corps, & dans celles du corps qui influent ſur l'ame.

L'on peut diviſer les maladies de l'eſprit, comme l'on diviſe celles du corps, en deux claſſes : les aigues ou ſubites, & les chroniques ou lentes.

Les paſſions ſubites & violentes ſont du premier ordre ; telles ſont la terreur, la colère, ce deſir violent & momentané qu'on appelle communément amour &c.

Les paſſions lentes & durables appartiennent à la ſeconde claſſe, la triſteſſe, la crainte, l'eſpoir, le véritable amour, l'amitié, la haine, l'envie, la piété, le fanatiſme même.

Les paſſions du premier ordre ſont ſouvent ſi involontaires, ſi ſubites, ſi violentes, que rien ne peut les dompter dans leur commencement. le philoſophe, qui conſeilloit à un Empereur, comme me un remède universel, de dire l'alphabet grec, avant que de se fâcher, étoit un homme bien froid, ou un grand charlatan.

Cependant ces passions si impétueuses, naissent quelquefois plus lentement, & ne sont pas toujours le fruit d'un premier mouvement. quelqu'un me dira, par exemple, quelque chose d'assez indifférent en soi-même, mais je réfléchis sur le caractère de celui qui me parle. son geste, sa phisionomie, son accent, m'éclairant sur son intention, je crois démêler que son but est de m'offenser; & la réflexion fait naître la colère. on en peut dire autant de la crainte &c.

C'est alors que la passion peut être calmée & domptée, soit par mes propres efforts, soit par des circonstances qui modifient mes premières idées, ou leur en substituent d'autres, soit même par des sensations qui me distraient. eh! lequel des objets qui nous entourent, n'influe pas plus ou moins sur notre constitution? l'air étouffant d'une chambre, un repas trop long, une odeur désagréable, du vin falsifié, des mets trop composés, m'incommoderont, & toutes mes idées, tous mes sentimens seront analogues à ma situation. un ciel pur, un air léger, un riant païsage, le charme de la campagne, la simplicité de la nature, me rendront de la santé, de la gaicté, de l'indulgence. je ferai plus inflammable à la ville, plus modéré à la campagne, plus ambitieux à la cour, plus fenfible au village.

Certainement la mufique, qui eft un art d'imitation, & qui peut exprimer ou exciter des fenfations variées, doit être comptée au nombre des circonftances, qui peuvent influer fur la manière d'être de tout homme fenfible ; & tous le font plus ou moins.

On peut même attribuer à la mufique un avantage confidérable, qui lui eft tout particulier, & qui tient à l'extrême variété dont elle eft fufceptible ; car fi c'eft elle dont j'invoque le fecours, pour changer la fituation de mon ame, je pourrai choifir la pièce, qui aura le plus de rapport à l'effet que je veux produire en moi.

Ceci n'eft point une hypothefe de fimple fpéculation. les exemples, fans nombre, rapportés par les anciens, feroient feuls foupçonner cette vérité par la multiplicité & l'unanimité des témoignages : des exemples modernes authentiques conftatent que la mufique a eu fréquemment le pouvoir d'exciter ou calmer les plus violentes affections de l'ame, & plus fréquemment celui d'agir phifiquement fur les corps: or, d'après les principes précédens, un de ces effets entraîne néceffairement l'autre.

Dans les paſſions moins violentes; mais plus durables, & d'un effet non moins certain, quoique plus lent; la muſique pourra davantage encore; car des affections moins fougueuſes laiſſent plus à l'ame la faculté de ſe diſtraire. un muſicien habile exécuteur, & ſurtout, bon compoſiteur, fera naître à ſon gré cette mélancolie, quelquefois ſi douce, & même ſi conſolante, dont les ames ſenſibles connoiſſent bien le prix, cette gaieté fille de l'innocence & de la libertè, qui fait circuler la ſanté dans nos veines, & ſe communique quelquefois auſſi rapidement qu'une commotion électrique. Le muſicien en un mot éveillera toutes les paſſions, les ſeconderа ou les affoiblira par des ſons analogues ou contraires . . . . . eh! quand il ne feroit qu'occuper, ne feroit-ce pas beaucoup encore? oui, ſans doute: car L'OCCUPATION eſt peut-être l'antidote le plus ſouverain contre toutes les paſſions.

Je crois qu'un muſicien philoſophe pourroit aſſigner le rapport de toutes les modulations, de toutes les meſures, de tous les ſons, de la mélodie enfin, avec toutes les affections de l'ame, en faiſant attention à l'influence que doit avoir ſur les effets de la muſique, & même ſur ſa compoſition, la différence des climats, du caractère, de l'eſprit, des préjugés nationaux.

On pourroit encore envifager fous un autre point de vue l'influence de la mufique dans l'art de guérir.

Dans les maladies du corps, l'ame n'eft pas feulement *paffive:* elle n'eft pas feulement attaquée dans fes facultés. elle eft encore *active*, & ajoute au mal-être, au dérangement phifique, par l'inquiétude que ce dérangement même occafionne. elle prévoit: elle veut deviner: elle conjecture: elle s'agite: fes opérations purement intellectuelles irritent le mal. de là ces fymptômes *fpasmodiques*, convulfifs, effrayans; ces délires, cette fermentation prodigieufe & funefte. quels fecours ne doit-on pas attendre de la mufique, fi elle peut dans de pareilles circonftances, diminuer cette activité morale fi dangereufe! calmer cette ame inquiète & agitée! lui donner, fi non de la gaieté, du moins du courage! eh! n'avons nous pas des exemples journaliers & frappans de ces effets? cet enfant, que des coliques aigues tourmentent & font gémir, fourit au chant de fa nourrice; cependant il ne raifonne pas, & l'adulte a fur lui cet avantage qu'il peut fe prêter à l'illufion, & feconder par la réflexion l'attrait que la nature humaine a pour les fons combinés.

Ce ſoldat friſſonne à la vue de l'ennemi, en penſant que la mort l'entoure & le menace. la pâleur de ſon viſage, démontre combien les pores & les vaiſſeaux ſe contractent ; avec quelle force les humeurs ſont repouſſées vers le centre de leur mouvement. ſon cœur eſt obſtrué par le ſang : il palpite, il treſſaille, il ſe meut convulſivement. le ſon des trompettes, les cris des victorieux ſe font-ils entendre ? ce ſoldat, naguère éperdu, devient un autre homme : il renaît : les vaiſſeaux ſe dilatent : les pores s'ouvrent : ſes joues ſe colorent : il redevient gai & courageux. voilà ce que des ſons inarticulés peuvent produire.

Mais l'effet de certaines maladies, eſt plus rapproché de ceux que je viens de décrire, qu'on ne le croit. des détails anatomiques & phiſiologiques le prouveroient peut-être aiſément, ſi c'étoit ici leur place ; mais cette diſcuſſion profonde & de longue haleine n'entre point dans mon plan. il me ſuffira d'avoir éveillé quelques idées ſur la queſtion, eſſentielle & non réſolue, du pouvoir de la muſique ſur la ſanté : il me ſuffira d'avoir fait ſoupçonner à ceux de mes lecteurs, qui n'ont nulle connoiſſance de la médecine, que la muſique eſt loin de lui être étrangere : que la confiance que les anciens avoient dans cet art délicieux, comme utile même à la ſanté, n'étoit pas auſſi déplacée qu'on le penſe communément.

Quoi qu'il en ſoit, les anciens nos maîtres en littérature, en morale, & peut-être dans plus de genres que nous ne voulons l'avouer, regardoient la muſique comme une ſource féconde de ſenſations & de ſentimens.

Il eſt vrai (car il ne faut rien déguiſer) que cet art n'avoit pas dégénéré juſqu'à devenir une ſource de corruption. il étoit un moyen de civiliſation, une ſorte de formule harmonieuſe propre à faire retenir aux hommes de grandes vérités. c'eſt dans ce ſens que les Pythagoriciens prétendoient que LE POËTE, qu'il ne faut point dans leur langage ſéparer du MUSICIEN, étoit le vrai Philoſophe. le fondateur de leur école avoit, ſelon un ſavant moderne, (1) apporté d'Egypte ſon RATIOS MUSICAL & ſa théorie des ſons: ainſi les ſages Egyptiens, qui furent, en quelque ſorte, les légiſlateurs de toute l'antiquité, cultiverent avec ſoin la Mélopée, & la regarderent comme une ſçience importante; puiſqu'elle eſt au nombre de celles, qu'ils enſeignoient aux philoſophes, qui alloient s'inſtruire

(1) M. Burney (*a general Hiſtory of muſic*) &c.

chez eux. Athénée & Polybe attribuent les forfaits commis dans le païs de Cinethe à la négligence de la musique. Ciceron reprochoit à Thèmiſtocle ſon ignorance dans cet art ; ce n'eſt pas, ſans doute, qu'il eut voulu traveſtir un grand homme en chanteur d'ariettes, ou en petit maître. (1)

Sans doute Tèhmiſtocle lui même, qui ſavoit apprécier ce qui étoit grand (2), ne regardoit

(1) Je ſuis bien aiſe d'obſerver à ceux, qui ſeroient tentés de croire que je fais ici un anachroniſme, qu'ils ſe trompent. il y a eu des PETITS MAÎTRES à Rome, & des *petits maîtres chanteurs.* Seneque le Rhéteur ſe plaint de la molleſſe des jeunes gens de ſon tems qui paſſoient des années entières à chanter, pour aſſouplir leur voix, & l'aſſimiler à celle des femmes. (controv. L. 1.)

(2) Comme il ſe trouvera peut-être quelqu'un, qui n'ayant rien de mieux à faire, s'amuſera à me répondre, je crois devoir, en conſcience, lui fournir des matériaux.

Un Lacédémonien, au rapport de Plutarque, étoit extrêmement ſurpris des mouvemens, qu'on ſe donnoit à Athènes, pour la repréſentation d'une nouvelle tragédie ; & ce Lacédémonien ne me paroît pas fort déraiſonnable.

Je me rappelle encore qu'Eſchyle, qui fut en quelque ſorte le pere de la tragédie, ne dit pas un mot de ſes ouvrages poëtiques, mais parle ſeulement de ſes actions mipas les talens agréables comme de ſimples frivolités, lorsqu'il faiſoit graver ſur une plaque d'airain.

THÈMISTOCLE PHRÆARIEN ÉTOIT
CHORÈGAS
PHRINICUS FAISOIT REPRÉSENTER
SA PIÈCE
ADIMANTE PRÉSIDOIT.

Car ſi la victoire qu'un CHORÈGAS remportoit ſur ſes émules, eut été mépriſable, je ſuppoſe que Thèmiſtocle, couvert de lauriers, l'eut dédaignée. (1)

litaires, dans l'épitaphe qu'il ſe compoſa lui même, & qui fut gravée ſur ſa tombe.

„ SOUS CE TOMBEAU
„ GÎT l'ATHENIEN ESCHYLE, FILS d'EUPHORION,
„ QUI MOURUT PRÈS DE LA FÉCONDE GELA.
„ LE BOIS SACRÉ DE MARATHON ATTESTERA SES HAUTS FAITS d'ARMES,
„ ET LE MONDE ENTIER RENDRA TÉMOIGNAGE
„ À LA VALEUR DE SON BRAS.

(1 Je ſais qu'on pourroit me dire que des Maréchaux de france, qui préſident aux ſpectacles, dirigent auſſi des courtiſannes, & entrelacent ainſi de myrthe & de laurier le bâton de Général, qui dans leurs mains, eſt plus ſouvent encore un *caducée* qu'un ſigne d'autorité . . . . . . à cela je répondrai que chaque nation & chaque ſiècle a ſes modes . . . . . eh ! ne ſuis-je pas bien honnête de ne répondre que cela ?

Ne calomnions donc point les arts. Ils ſont la ſource de toutes les jouiſſances utiles & agréables. ceux, qui les cultivent, méritent la reconnoiſſance de l'humanité. quand nous ſerons pénétrés de ce ſentiment, nous nous ſouviendrons qu'ils ne le méritent qu'au titre de l'utilité.

C'eſt ici qu'on m'arrêtera, je le ſens. „ quand „ on vous accorderoit tout ce qui précéde, dira-t- „ on, que pouvez vous conclure des arts floriſſans, „ portés à leur plus haut degré de perfection, en „ faveur des arts corrompus & dégénérés? "

Cette diſcuſſion, à la ſuivre ſous ce dernier point de vue, n'auroit point de bornes. j'aurois mille & mille choſes à répondre, & je n'en répondrai que quelques unes.

D'abord, on ſait qu'il n'en coute rien à la plupart des hommes pour élever les morts aux dépens des vivans. on a écrit beaucoup trop de volumes pour établir ou nier cette prééminence, & je n'ai point envie de les recommencer. il eſt fort aiſé de déclamer, mais la déclamation n'eſt pas ſouvent la langue de la vérité. la DÉGÉNÉRATION des arts eſt donc peut-être très exagérée.

Ne le fût-elle pas, il vaudroit mieux les améliorer, que les invectiver; c'eſt par les encouragemens que les arts ſe relèvent & s'épurent, & non par le mépris & les ſatires.

D'ailleurs, & pour enviſager un peu plus en grand la queſtion agitée, ſont-ce bien les artiſtes qu'il faut accuſer de la dépravation des arts? je ne le crois pas, & je vais tenter, en peu de mots, la réſolution de cet intéreſſant problême.

Les arts nés chez les Chaldéens, transplantés dans l'Ionie & l'Italie, ſingulièrement fécondés chez les Grecs & les Romains, ont toujours été les délices de l'homme, comme l'objet le plus vaſte de ſon induſtrie. Mais la plupart des gouvernemens, qui devroient protéger, encourager, & ſurtout ſurveiller les arts, les dégraderent toujours, en les tournant vers des objets aviliſſans. loin de les diriger vers le beau, l'utile & l'honnête, ils ſe ſont trop ſouvent ſervi de leur influence pour corrompre. les beaux arts, en un mot, furent toujours les piéges & les amorces des dèſpotes: les ſublimes efforts de l'eſprit humain hâterent les progrès de la ſervitude, en accélérant ceux du luxe, l'introduction de la molleſſe & la décadence des mœurs. en un mot la dépravation des arts eſt un des fruits du dèſpotiſme & ſon arme la plus acérée.

Ce n'eſt pas tout: le deſpotiſme détruit les arts, après les avoir avilis; car celui dont le cœur eſt corrompu, a rarement l'imagination élevée. ce fut à l'époque du retour de la liberté que les Athèniens prirent un vol si haut dans tous les genres de gloire. on vit ensuite les arts succombans sous les coups de la tyrannie, fuir de la Grèce, où ils avoient jetté de si profondes racines, & produit tant de fleurs & de fruits.

Les arts étoient déjà avilis. leur transplantation acheva de les corrompre. ils furent accueillis à Rome par un dèspote, qui vouloit dorer les chaînes dont il chargeoit un peuple, qui jusques là avoit mis toute sa gloire à conquérir & dominer. Auguste fut l'ami des grands artistes ; mais il fut aussi leur corrupteur. il se souillerent à sa cour par les plus viles flatteries. la volonté d'un seul homme, donna la loi au génie, comme au reste des citoyens. *autrefois*, dit Ovide, *on applaudissoit sans art.* sous les Empereurs, & même dès Auguste, les applaudissemens furent apprêtés; car c'est une chose vraiment déplorable que la rapidité des progrès de la servitude. Ciceron, quelques années après qu'il fut surnommé PERE DE LA PATRIE, loua publiquement L'OPPRESSEUR de *cette patrie ;* vanta la CLÉMENCE de celui dont la *clémence* même supposoit un crime. (1) la servitude alla toujours en

(1) Oraison pour Marcellus.

augmentant; car elle ne rétrograde jamais avant la révolution qui engloutit le Deſpote & les eſclaves, & reproduit des hommes. Auguſte aſſuroit les Romains qu'ils étoient libres, & ils le crurent. ce peuple énervé, ce ſénat corrompu ne demandoit pas mieux que d'être trompé. l'orgueil de Ceſar, qui vouloit les titres avec l'autorité, avoit, plus que ſes attentats, armé la main de quelques conjurés: tout fléchit ſous l'hypocriſie d'Auguſte : des monſtres lui ſuccéderent, & périrent au milieu de leurs crimes; mais on s'en défit, comme on tue une bête féroce, pour n'en être pas dévoré: ce n'étoit pas la vengeance nationale; c'étoit la terreur particulière qui les poignardoit.

Avouer cette TERREUR, c'eſt dire aſſez qu'il n'y avoit plus dans l'empire ni force, ni courage, ni génie NERON dont le ſouvenir glace d'effroi l'imagination, NERON, lorſqu'il jouoit de la lyre ſur le théatre, avoit, pour ne pas manquer d'admirateurs, cinq mille ſoldats, (1) qui entonnoient ſes louanges & forçoient les autres ſpectateurs à

(1) Ces ſoldats étoient nommés *Auguſtales*. l'emploi d'*Auguſtale* étoit recherché par les Chevaliers Romains. les chefs de bande avoient juſqu'à 40,000 ſeſterces de gages.

les répéter. le disert Seneque, le sévère Burrhus donnoient le signal par la plus vile des complaisances.

Lorsque Neron revint de Grèce, après avoir remporté le prix aux jeux Olympiques, il entra en triomphe dans Rome avec un appareil de la magnificence la plus insensée. Xiphilin nous apprend que tout Rome, sans en excepter les senateurs, crioit: AUGUSTE: AUGUSTE, VAINQUEUR AUX JEUX OLYMPIQUES: VAINQUEUR AUX JEUX PYTHIQUES: À NERON l'HERCULE: À NERON l'APOLLON, SEUL VAINQUEUR DE TOUS LES JEUX, SEUL DEPUIS TOUS LES SIÈCLES: AUGUSTE! AUGUSTE! VOIX DIVINE! HEUREUX CEUX QUI VOUS ENTENDENT CHANTER ....

Quels talens pouvoient germer ou mûrir au sein d'un tel esclavage! quel artiste eut ôsé *rivaliser* avec un tyran si farouche, qui, le fer à la main, arrachoit des applaudissemens, & vouloit conquerir par la violence l'admiration de l'univers!

Les arts soudoyés par le Dèspotisme éprouverent les mêmes revolutions que lui, & furent abîmés dans la révolution ~~qui~~ enveloppa une partie de l'univers. les convulsions horribles, où le Despotisme successif des empereurs Romains, parvenu à l'anarchie la plus confuse, plongea alors le monde connu, coûterent au genre humain la moitié de ses individus. la nature déchirée & presque détruite expiroit sous les coups de la tyrannie. (1)

Une fois éteint, le feu du génie ne renaît pas dans un jour. les arts furent éclipsés, pendant longtems, par les ténèbres profondes, qui couvroient l'Europe.

Ils reparurent enfin au seizieme siècle ; mais ce fut l'amour du luxe & la soif de la volupté qui les rappella. ils ne servirent donc qu'au luxe & à la volupté. ils furent surtout l'aliment de l'oisiveté. les hommes de genie négligerent les objets graves & importans, dont on détournoit soigneusement leur attention & leurs efforts.

AGRÉMENT, COMPLAISANCE, BASSESSE & OUBLI DE SOI-MÊME : voilà, selon M. de Boulainvilliers, les nuances successives de l'abâtardissement de la noblesse : ce sont aussi celles de la corruption des mœurs : ce sont, par consequent,

(1) Les historiens rapportent, que dans cet intervalle, où les légions nommerent successivement trente Empereurs, il mourut par jour cinq mille hommes à Rome. une famine longue & cruelle ravagea l'empire. ce fléau, que Tacite regarde comme moins cruel que le Dèspotisme, emporta un nombre d'hommes incalculable.

les vices progreſſifs des gens de lettres & des artiſtes .... eh! comment leurs ouvrages ne ſe resſentiroient-ils pas de cet aviliſſement néceſſité par le ton du ſiècle, qui ne laiſſe guère le choix des moyens pour faire fortune? il faut bien du courage pour lutter contre tous, & même pour dédaigner les ſuccès éphémères, mais journaliers. je ne dis point que ce courage n'exiſte pas; mais combien ces exceptions ſont & ſeront rares!

Peut-être ſi l'on eut enviſagé ſous ce point de vue la fameuſe diſpute ſur la préſéance des anciens & des modernes, on ſe ſeroit épargné bien du tems, des volumes & du verbiage, & cette diſcuſſion auroit eu du moins quelque utilité. on ſeroit convenu que les arts, encouragés, & dirigés par la legiſlation vers de grands objets, avoient dû produire de plus grandes choſes, que lorſqu'ils furent réduits à amuſer & diſtraire de voluptueux Sybarites. Quintilien l'a dit avec fineſſe & verité: *les anciens nous ſurpaſſent moins par leur génie que par l'objet de leurs travaux :* il ne faut à des vues miopes que des demi-jours. une adminiſtration ignorante ou mal intentionnée, craint les regards obſervateurs. il faut, ſous un tel gouvernement, être ou FRIVOLE ou RIEN (à ſuppoſer que ces deux mots ne ſoient pas ſynonimes.)

Osons convenir, que dans l'état d'asservissement où les modernes ont été circonscrits, ils se sont, par les seules forces de leur génie, élancés bien haut. sans doute mettant à part toute discussion littéraire, Racine courtisan adulateur d'un maître aussi ignorant qu'impérieux, & d'une favorite haineuse, intrigante, vaniteuse & dévote, a plus franchi d'obstacles pour mériter la gloire, que Sophocle Archonte d'Athènes, génie indépendant & révéré.

Voilà, je crois, le coup d'œil qu'il falloit jetter sur l'histoire des arts, qu'on a remplie de tant d'erreurs & d'inutilités. c'est dans la nature du gouvernement qu'il faut chercher la raison des progrès & de la perfection des arts. on a assuré qu'ils suivoient toujours les vainqueurs dans leurs succès. Les conquêtes prodigieuses des Ottomans font une exception considerable à cette observation de détail; mais fût-elle générale; qu'en pourroit-on conclure? c'est dire en d'autres termes que dans l'âge de la force & de la prospérité des empires, les beaux arts ont prospéré, & cela n'étoit pas difficile à deviner. ce qu'il est important de démontrer, c'est qu'ils ont toujours fui l'esclavage; parce que la tyrannie détruit tout.

Les gens de lettres & les artistes sortirent de la Grèce pour se réfugier en Italie, lorsque le monde connu ſuccomboit ſous la domination des Romains. quand ce vaſte empire tourmenté par ſa corruption intérieure approcha de ſa diſſolution, les ſciences & les arts paſſerent en Afrique chez les Arabes avec le pouvoir. ce fut l'âge des lettres en Afrique & en Egypte; mais une obſervation plus intéreſſante que la généalogie des ſciences & des arts, c'eſt l'influence des gouvernemens ſur la nature des écrits & des études des lettrés, & de tous les ouvrages d'imagination.

Obſervez les allégories des Orientaux, ſans ceſſe enveloppés de fictions: voyez, ſelon la remarque du ſavant Huet, les romanciers de l'antiquité ſortir de l'Egypte, de la Syrie, de l'Arabie, de la Perſe, de tout le levant enfin: parcourez les écrivains de la Paleſtine depuis leur double diſperſion, & leurs fables innombrables. conſidérez le petit nombre de traces Egyptiennes, échappées au tems, dans leſquelles on diſtingue continuellement leur eſprit hyerogliphique & myſtérieux: étudiez les métaphores des Arabes, & leurs ſuperſtitions: la littérature des Perſes, dont Strabon diſoit, il y a ſi longtems, qu'il ne falloit ajouter aucune foi à leurs hiſtoires, vu leur amour pour les fables, & leur habitude d'en conter: écoutez ce que les ſavans vous diſent de la philoſophie morale des Indiens, toute réduite en apologues ; vous conviendrez que les puérilités & les fables Orientales doivent être attribuées à l'esprit de servitude, qui régna de tout tems dans ces contrées, où une pensée forte ne peut éclore ; où l'on ne put jamais se permettre de dire une vérité non déguisée. les mêmes circonstances contrarierent ou étoufferent tous les arts ; car c'est le même feu, la même indépendance, qui dans tout l'univers constitue le génie ; & le flambeau de Prométhée ne luit que dans les païs libres.

N'attribuez donc rien au climat: souvenez vous qu'Aristote, qui fut si longtems le legislateur littéraire de l'Europe, & le précurseur de M. de Montesquieu dans l'opinion de l'influence des climats sur toutes les facultés de l'homme, avoit déclaré les Européens incapables de méditations philosophiques & d'industrie dans les arts ; tandis qu'il accordoit exclusivement ces avantages aux Asiatiques. La Grèce, qu'il regardoit comme un climat privilégié, qui produisoit à la fois le courage des Européens, & l'esprit des Asiatiques, est devenu l'un des plus méprisables & des plus misérables païs du monde.

Rapportez donc tout à la constitution politique, & décidez vous même d'après cette esquisse succincte & fidelle si l'esclavage est propre à aiguiser l'eſprit, à développer, épurer & honorer les talens, & ſi ce n'eſt pas aux gouvernemens deſpotiques qu'il faut imputer la frivolité & la DÉGÉNÉRATION des beaux arts.

Mais je m'écarte beaucoup, & le lecteur s'en ſera peut-être apperçu plutôt que moi.

Je crois avoir établi qu'il eſt démontré par le témoignage unanime des anciens, que la muſique à produit & conſéquemment peut produire des effets prodigieux. bien malheureux ceux qui auront beſoin de cette autorité pour le croire! il faut que la nature ait été marâtre envers eux.

On peut convenir de tout ce qui précéde, & me dire encore: „ ce qui eſt prouvé pour la muſi-„ que en général, ne l'eſt point pour la muſique in-„ ſtrumentale en particulier. un drame embelli, & „ pour ainſi dire vivifié par le muſicien, me tou-„ chera ſans doute; maisce muſicien pourra-t-il „ m'intéreſſer dans une Symphonie, ſans d'autres „ ſecours que ceux qu'il tire de ſon art?

Il faut examiner cette nouvelle queſtion.

La muſique inſtrumentale peut-elle exprimer des paſſions & produire des ſenſations? IIe. QUESTION.

Le mot SYMPHONIE que nous avons emprunté du Grec, qui nous a fourni ceux de tous nos arts, ne ſignifioit dans la muſique ancienne QU'UNE UNION DE PARTIES CHANTANTES, exprimées, ſoit par des voix, ſoit par des inſtruments. (1)

Je ſais que les ſavans penſent que les anciens n'entendoient point du tout le mot HARMONIE dans le même ſens que nous, qui la définiſſons, *une ſucceſſion d'accords ſelon les loix de la modulation.*

Il n'en eſt pas moins certain que par le ſeul ſecours des inſtrumens, qui jouoient à l'uniſſon ou dans des accords composés de pures conſonnances, (2) ils produiſoient de très grands effets.

Ceci n'eſt point du tout oppoſé à la théorie des modernes, quoique très contraire à leur pratique; car ils conviennent que tout ſon donne un accord vraiment parfait, formé de tous les ſons harmoniques, que produiſent toutes les vibrations du corps ſonore ébranlé. de-là il ſuit que la *parfaite harmonie* eſt *l'uniſſon.*

(1) Le lecteur ſait ou ne ſait pas que ce mot SYMPHONIE, *συμφωνὴ*, veut dire CONSONNANCE, & qu'il eſt formé de deux mots, *ſyn* avec, & *phonè* voix. il eſt donc évident qu'une SYMPHONIE étoit réellement pour les Grecs une *union de parties chantantes*.......

En vérité cette preuve d'érudition ne m'a pas beaucoup couté.

(2) Ces conſonnances étoient en très petit nombre, puis que les grecs n'en connoiſſoient que cinq.

Je ne connois que M. Rameau, qui ait soutenu que l'harmonie est la source des plus grandes richesses de la musique. ce principe est peut-être énoncé trop vaguement ; & voilà pourquoi l'on pourroit le nier.

À le prendre dans son vrai sens, il est aisé de voir qu'en effet l'harmonie est la source de la mélodie, si l'on considere la mélodie comme une partie de l'harmonie ; & elle l'est réellement, puisque sa marche dépend de l'harmonie, c'est-à-dire de la basse fondamentale. en effet, il faut convenir que toutes les notes, qui forment ce qu'on appelle communément la mélodie, ne lui appartiennent point essentiellement. la mélodie n'est que le résultat des combinaisons de ces notes, ou plutôt des transitions d'une note mélodieuse à l'autre. en ce sens il est donc vrai de dire que l'harmonie est la source de la mélodie.

On convient généralement qu'une musique où l'on auroit sacrifié la marche de la mélodie à l'harmonie, qui n'est susceptible d'aucune imitation, ne pourroit plaire aux compositeurs mêmes que comme un assemblage de difficultés vaincues. certainement les beautés harmoniques, qui ne tiennent qu'au phisique des sons, & ne peuvent jamais produire des effets moraux, sont très froides; puiſqu'il faut la connoiſſance de l'art & la réflexion pour les goûter. d'un autre côté Aviſon (célèbre & juſtement célèbre compoſiteur Anglois) prouve que la ſeule mélodie ne peut avoir aucune expreſſion; parceque l'expreſſion eſt le réſultat de la combinaiſon de la mélodie & de l'harmonie.

La belle mélodie, ſoutenue par l'harmonie, c'eſt-à-dire, celle qui imite la nature & produit les ſenſations, en les exprimant, tranſporte tous les hommes ſenſibles & bien organiſés.

Ce n'eſt point mon deſſein d'examiner ici, ſi depuis l'invention du contrepoint, (1) on n'a pas trop laiſſé briller l'harmonie aux dépens de la mélodie; parce qu'il eſt plus aiſé d'être ſavant que d'inventer; ſi ces ornemens outrés n'ont pas beaucoup appauvri la muſique, ſi la diverſité des parties introduites par l'harmonie, & les efforts multipliés des harmoniſtes n'ont pas nui à la MÉLODIE.

(1) On croit communément que cette invention eſt dûe à Gui Aretin (Guido Aretinus) qui vivoit au commencement du XIe. Siècle. mais quoiqu'il paroiſſe très vraiſemblable que l'harmonie des anciens, n'étoit compoſée que de conſonnances, & que Gui Aretin ſoit en effet le premier, qui ait ſu tirer parti des diſſonnances, néanmoins il eſt évident qu'au tems de Dunſtan, vers l'an 950, & même à la fin du VIIe. Siècle, on a compoſé à pluſieurs parties.

Il me suffit d'avoir établi, & j'en atteste les sensations de tous les hommes, que la musique ne vit, ne peint que par la MÉLODIE soutenue de l'harmonie; par la MÉLODIE elle arrache des larmes; ou remplit de terreur, ou enivre de volupté. (1) elle s'empare de tous les sens : ici elle agite les mers, là elle déchaîne les vents : le bruit, le repos, le calme, la tempête, tout, jusqu'aux objets qui ne frappent que la vue ; (2) tout, jusqu'au

(1) Oh ! combien je plains celui qui croira que ce mot VOLUPTÉ est ici l'équivalent de *mollesse*, ou, pour parler sans détour, de CORRUPTION ! quelle ame aride lui donna la nature, s'il ne reconnoît d'autres *voluptés* que celles des *sens !* que son imagination est bornée, s'il ne voit pas que toute *passion* produit une *volupté !* & que si les anciens firent naître la déesse VOLUPIA de l'union de *l'amour* & de *Psyché*, il ne voulurent qu'exprimer par cette ingénieuse allégorie, que les plus délicieuses émotions sont celles de l'amour !

Laissons d'ignorans libertins, ou de sombres charlatans calomnier EPICURE ; & cherchons, comme lui, la véritable VOLUPTÉ, dans toutes les affections honnêtes de l'ame.

(2) La musique peint des objets qui n'ont nulle prise sur l'ouie; le peintre ne peut exprimer les objets qu'on ne sauroit voir.

SILENCE, eſt renfermé dans l'étendue de ce qu'elle peut exprimer.

La muſique ſera toujours froide, ſi le premier objet du muſicien n'eſt pas la MÉLODIE, ſi ſon ame ne produit pas la MÉLODIE ; ſi ſon eſprit n'eſt pas tout occupé de la MÉLODIE.

Mais tout inſtrument peut produire toute eſpèce de mélodie, quoique chacun, ayant une expreſſion particulière, ſoit par conſéquent plus ou moins ſuſceptible de telle ou telle mélodie. cela eſt de ſoi-même évident ; & l'on concevra de plus que les inſtrumens peuvent donner infiniment de mélodie, ſi l'on penſe que ceux des anciens, dont la théorie muſicale étoit ſi ſimple, puis qu'ils ignoroient abſolument l'art des diſſonnances, produiſoient cependant les plus grands effets. il eſt vrai qu'ils en avoient de beaucoup de ſortes ; (1) mais cela même eſt une preuve très forte de l'extrême variété de mélodie qu'on peut obtenir des inſtrumens.

Chacun d'eux peut rendre des ſons expreſſifs, ſe rapprocher de la voix humaine & de ſes in-

(1) Si l'on compte les inſtrumens à corde, ceux à vent, & ceux de percuſſion, que les anciens connoiſſoient tout comme nous, on trouvera qu'ils en avoient plus de ſoixante, ſans ceux dont le nom eſt peut-être perdu.

flexions, & il eſt généralement convenu que ce degré de rapprochement eſt auſſi celui qui décide de ſon mérite, & de ſa ſupériorité ſur tout autre.

Tout inſtrument peut donc chanter, imiter, peindre, ſoupirer, gémir, éclatter, paſſer de la fureur à la tendreſſe, & de la tendreſſe à la douleur. (1)

(1) Je ſais qu'il eſt à Amſterdam un MAÎTRE DE CHANT, (je ne dis point un CHANTEUR) qui fut célèbre du tems où on le trouvoit beau. cet homme, qui ne met ſeulement pas en doute ſa prééminence ſur tous les artiſtes de l'Europe, ſoutient avec acharnement que la muſique inſtrumentale n'eſt que du BRUIT; les ſymphonies un CHARIVARI; le prétendu *plan* d'un compoſiteur inſtrumental *du* CHARLATANISME *tout pur*; & qu'enfin aucun inſtrument ne peut rien exprimer. Comme je ne doute pas qne tous mes raiſonnemens ne lui paroiſſent pitoyables, j'en ai un à lui propoſer (pour lui tout ſeul) qui, je crois, lui ſera plus ſenſible.

Qu'il écoute M. R * * CHANTER de la muſique inſtrumentale SUR LE VIOLON: qu'il s'écoute enſuite TOUSSER de la muſique vocale; & qu'il nous diſe pourquoi R * * nous touche & nous plaît, tandis que MONSIEUR C * * R nous dégoûte & nous ennuie.

Mais s'il eſt ſuſceptible de ces diverſes nuances, la réunion d'un certain nombre d'inſtrumens ne peut qu'ajouter à la vérité de l'imitation, à la vigueur de l'expreſſion ; lorſque le Muſicien ſaura ſaiſir leur vrai caractère, les aſſortir au genre de ſa compoſition, & leur faire jouer à chacun un rôle convenable.

Les effets, que produiſoient les inſtrumens militaires des anciens, étoient regardés comme un mobile puiſſant de courage & d'émulation. ces effets ſont perdus en grande partie pour nous ; parce que cent pièces de canon & deux cent mille fuſils ſans ceſſe en action, forment une baſſe continue, qui ne permet pas trop à une autre harmonie de ſe faire entendre. *Cependant*, dit un très grand homme, ſur les pas duquel je me traîne en ce moment, *nos trompettes ne ſonnent point la charge, comme ils ſonnent la retraite, nos tambours ne battent point la chamade du même mouvement, dont ils ſonnent la charge.* quand les effets de la muſique militaire des anciens pourroient ſe révoquer en doute, il feroit donc croyable qu'il eſt très poſſible de les obtenir, & que cette partie de l'art muſical peut arriver à un degré de perfection, dont nous n'avons point d'idée.

Mais, si la musique instrumentale peut produire des effets aussi grands, que ceux de faire oublier les dangers les plus terribles, de faire circuler le sang avec cette rapidité, qui, dans le commun des hommes, produit le courage ; à combien plus forte raison élévera-t-elle dans le cœur humain des sensations plus douces & plus naturelles. il est plus aisé de s'attendrir, que de s'exciter à massacrer. je crois, & j'avoue de bonne foi, qu'il est plus naturel d'avoir peur, que de braver le danger, & que la terreur est plus facile à inspirer que l'audace. La musique rappellera donc des idées voluptueuses & attendrissantes, tristes & douloureuses, plutôt encore qu'elle n'exaltera l'homme, jusqu'à le faire courir gaiement à la mort. elle le frappera de terreur & d'effroi, plutôt qu'elle ne l'armera d'intrépidité.

L'histoire de tous les peuples de la terre, atteste que l'on s'est servi dans tous les païs du chant inarticulé des instrumens pour produire de grands effets. Si les guerriers s'excitoient au combat en entendant une musique militaire, les cultes religieux ont appellé à la dévotion & à la ferveur, par les charmes d'une musique imposante & majestueuse, des hommes trop aisés à distraire des vérités contemplatives.

Passons maintenant de ces preuves d'induction & de fait à celles que nous offre l'observation de l'art musical.

Il suffit d'un peu d'attention, pour voir que la musique n'existeroit pas, si elle ne pouvoit se passer du secours des paroles. en général, la musique n'a d'objet que la combinaison *des tons inarticulés.* elle s'aide des *mots articulés*, & nous verrons tout-à-l'heure ce qu' ajoute à ses richesses, à ses charmes, à sa magie, cette réunion. Mais il est certain que la musique instrumentale est, & sera toujours le principal objet du compositeur. elle est la base de son art: y réussir est son premier talent: c'est dans cette carrière qu'il se suffit à lui-même, qu'il déploie toutes ses ressources, qu'il est riche de son propre fond. il faut, sans doute, un grand talent, pour développer, détailler, embellir les expressions, les sentimens, les pensées de Metastase; mais il est plus audacieux, encore, de lutter contre lui, sans l'aide de son génie, & plus glorieux de réussir.

Si nous entrions dans les détails, quelle immense carrière s'ouvriroit à nos yeux! qu'un grand compositeur doit avoir attentivement étudié la nature! quelle étendue, quelle élasticité dans son imagination, qui doit se rappeller les objets, leurs rapports, leurs détails, leurs nuances, & les peindre avec vérité! quelle activité dans ſon ame, pour s'approprier toutes les paſſions & les exprimer! combien ſon art exige une profonde connoiſſance du caractère de tous les inſtrumens, de toutes les meſures & de la nature de tous les ſons & de toutes les modulations! que de ſagacité, d'eſprit & de goût, il faut pour les combiner de manière à former ſon tableau par des accords agréables, ou vigoureux, ou terribles! par d'heureux rapports aux accens de la voix humaine, par une expreſſion ſimple & fidelle! combien l'expérience, & ſurtout le génie, qui la ſupplée, mais qui n'eſt jamais remplacé par elle, qui met en œuvre la ſcience, & plane ſi haut au deſſus de ſa ſphère, doivent lui avoir dévoilé de ſecrets! le compoſiteur s'intéreſſe à la nature entière, éprouve toutes les ſenſations, s'aſſocie à toutes les paſſions: il voit ce qu'il ſe rappelle: ſon imagination obéit à ſon ame, & ſon ame nourrit ſon imagination. Ici la détonation du tonnerre le glace d'effroi: là les vagues irritées laiſſent à peine l'eſpoir au fond de ſon cœur: plus loin il gémit avec une amante abandonnée: il expire avec un amant trahi: il peint tout: il anime tout. bientôt des émotions douces ſuccedent à des tranſports brûlans. tout eſt gracieux ſous ſon pinceau. auſſi ſupérieur au goût, que le ciel s'éleve au dessus de la terre, il ne craint pas d'être irrégulier. il fait que la nature est souvent négligée, & n'en est que plus belle. du simple au sublime, du pathétique à la gaieté, s'étend son empire. son cœur, aussi sensible que son imagination est souple & variée, semble disposer de l'univers, & regne sur lui par l'enthousiasme. (1)

O vous! qui n'avez que des oreilles, qui ignorez les proportions qui fondent l'harmonie ; dont le cœur glacé ne frémit point à l'unisson d'une ame sensible, qui n'observates jamais la nature, osez vous bien juger celui qui la retrace, l'imite & l'embellit?

Est-il possible de faire une bonne composition de musique instrumentale, sans s'être proposé de peindre un objet déterminé? IIe. QUESTION.

Après avoir établi que la musi que instrumentale peut exprimer les sensations & les sentimens, que le Musicien veut exciter ou rappeller ; je vais plus loin maintenant, & je soutiens que tout Musicien, qui ne se sera point proposé un objet déterminé en travaillant à une composition instrumen-

(1) Si les critiques veulent que je leur procure une jouissance, qu'ils ouvrent le dictionnaire de musique du grand Rousseau au mot GÉNIE. ils verront la distance qu'il y a d'un homme à un homme. Si j'avois relu cette ode avant que d'écrire, assurément je n'aurois pas écrit.

tale, ne fera qu'un ouvrage froid, inanimé & ſans génie.

En effet, comment donc inventer, ſi l'on n'a un point de vue, qui excite l'invention & la guide? n'eſt-ce pas travailler au haſard, que d'écrire ſans pouvoir dire ce que l'on s'eſt propoſé? quelle inſipide occupation ! quel maigre talent, que celui d'unir des notes ! de parcourir tous les accords, d'épuiſer toutes les modulations, pour faire du bruit !

Telle fut longtems la muſique françoiſe : telle eſt trop ſouvent l'Allemande : telle ne fut jamais l'Italienne.

Quel homme d'eſprit ne dira pas comme Fontenelle, quand il n'entendra que des notes, SONATE QUE ME VEUX TU? pour moi, je ſuis toujours tenté, en pareil cas, d'adreſſer au Muſicien, ce qu'un certain Roi de Travancor diſoit à un prolixe ambaſſadeur, qui l'ennuyoit de ſa harangue : NE SOYEZ PAS LONG; LA VIE EST COURTE.

Convenons, parce que cela n'eſt pas diſputable, que le compoſiteur doit avoir un but, s'il veut que ſa muſique touche, & produiſe un autre effet que celui d'un vain bruit, qui n'eſt propre qu'à étourdir & fatiguer les oreilles.

Je conclurai de ce principe qu'il n'eſt pas auſſi ridicule, que quelques perſonnes l'ont prétendu, de s'efforcer de faire alluſion à un ſujet. plus ce ſujet ſera élevé, compliqué, difficile & varié, & plus je reconnoîtrai à ce choix l'homme de génie, qui dédaigne les routes battues, marche ſans guide, compte ſur ſes forces, & n'imite que la nature.

L'imitation étant le principe univerſel des beaux arts, c'eſt pour le Muſicien auſſi bien que pour le Poëte qu'Horace a dit:

Aut famam ſequere, aut ſibi convenientia finge.

envain feroit-on l'objection que les ſignes dont ſe ſert la muſique, ne ſont point aſſez clairs, pour qu'on puiſſe comprendre ce qu'elle cherche à exprimer. je conviendrai que la froide raiſon ne peut pas ſe repréſenter diſtinctement tous les objets imités, toutes les idées exprimées par la muſique; mais j'ajouterai que la muſique n'eſt pas faite pour être calculée par la raiſon; elle parle le langage du cœur; c'eſt lui qui la ſent, c'eſt à lui à l'apprécier, à la juger.

Quelle eſt la différence de l'art du poëte à celui du muſicien? quelle eſt

Je cours rapidement; car j'ai vu tant de gens ennuyés par de la bonne muſique, que je crains bien que ma mauvaiſe proſe ne les amuſe pas; mais

mais ils peuvent quitter le livre, & il n'eut pas été honnête de déserter le concert.

celle des sensations qu'ils excitent? que se doivent-ils l'un à l'autre? que peuvent ils in dependamment l'un de l'autre? IVe QUESTION.

Je vais donc examiner quelle est la différence des sensations qu'excitent le poëte & le musicien; ce qu'ils se doivent l'un à l'autre, & ce qu'ils peuvent indépendamment l'un de l'autre.

Ceux qui trouveront que je déraisonne, parce que je ne suis pas de leur avis, assurent, peut-être déjà, que j'ai pris la peine de faire une mauvaise brochure, pour prouver que la musique instrumentale exprime mieux & plus complettement que celle, qui s'exerce sur des sons articulés. ils supposeront volontiers que tel est mon avis; car il seroit évident alors que je n'aurois pas le sens commun; ainsi je serois tout réfuté.

Mais nous sommes loin de compte. j'ai dit, & je soutiens que, sans musique instrumentale, il n'est point de musique; c'est-à-dire, que si la musique instrumentale ne peut rien exprimer par elle-même, l'art musical n'en est point un.

J'ajoute que la musique ne produit tous les effets, dont elle est susceptible, que lorsqu'elle est aidée de la poësie. j'en trouve plusieurs raisons plus faciles à deviner les unes que les autres, & j'en dois quelques-unes à l'un des plus beaux génies de ce ſiècle, à qui le goût de la belle muſique a valu tant de perſécutions.

Certainement le premier homme, qui, dans un mouvement de ſurpriſe, de joie ou de douleur, jetta des cris, proféra des ſons inarticulés très expreſſifs, & cet homme CHANTA. eh! quel homme paſſionné ne chante pas, même en parlant!

Chaque affection de l'ame a ſon chant; car elle a ſon inflexion, ſon accent caractériſtique, ſa mélodie. tout inſtrument imite la voix humaine, & s'en rapproche plus ou moins. tout inſtrument peut donc prononcer les ſons inarticulés que produiroit un ſentiment, de quelque eſpèce qu'il ſoit.

La muſique inſtrumentale, qui s'exerce ſur les ſons inarticulés, peut donc exprimer les ſentimens, & peindre les paſſions. elle ne feroit même qu'un vain bruit, ſi elle n'étoit point imitative.

Mais ſi elle exprime un ſentiment, elle n'en ſauroit déſigner l'objet. les accens de la douleur nous touchent; ils toucheront également les hommes d'un autre hemiſpère; & voilà pourquoi le Muſicien, qui a du génie, eſt l'homme de tous les païs & de tous les âges: il va remuer la nature, à l'aide de l'imitation vraie de la nature. celui que la touche mâle de Corneille, l'élégance enchantereſſe de Racine, l'énergique rudeſſe de crebillon, le coloris de Voltaire, les sublimes écarts de Shakespear, le génie céleste d'Homère, ne toucheront point, parcequ'il n'entendra pas l'idiôme de ces grands hommes, versera des larmes, palpitera de plaisir, ou pâlira d'effroi, quand il entendra la musique des *Leo*, des *Durante*, des *Pergolesi*, des *jomelli*; parceque ces POËTES universels, qui ont le secret de la nature, parlent son langage, qui toujours est le même chez toutes les nations, dans tous les climats, partout où il se trouve des hommes & des passions.

La musique est une langue universelle, qui n'est à l'usage que des hommes de génie. son empire s'exerce sur les organes & l'imagination. tels sont ces gestes, qui peuvent élever si rapidement en nous toute sorte d'émotions. (1)

Mais si la musique est une LANGUE UNIVERSELLE, elle est par cela-même NÉCESSAIREMENT INDETERMINÉE: elle ne sauroit donner aux accens qu'elle emploie, la précision du discours, qui est un LANGAGE DÉTERMINÉ. ce principe général & sans exception, est évident.

(1) PANTOMINE veut précisement dire, IMITATEUR DE TOUTES CHOSES.

C'eſt ici que la POËSIE vient concourir au ſuccès de la MÉLODIE, & que ces deux arts, par leur aſſociation, atteignent le plus haut degré de l'imitation, & mettent en jeu tous les reſſorts de la ſenſibilité.

Des cris douloureux retentiſſent juſqu'au fond de mon cœur; mais mon émotion deviendra bien plus vive, ſi je connois la cauſe qui les excite. le Muſicien me donne l'idée d'un malheur: le Poëte me nomme l'infortuné, me détaille l'infortune. le Muſicien gémit; & je verſe des larmes: le Poëte offre à mon imagination un pere embraſſant le cadavre ſanglant & défiguré d'un fils unique, appui de ſes derniers jours; & mes entrailles ſont déchirées. il eſt évident que le Poëte ajoute beaucoup à l'intérêt. c'étoit une ſenſation que le muſicien avoit produite; elle devient un ſentiment à l'aide du Poëte. le muſicien peint le ſentiment, & produit une ſenſation: le poëte peint le ſentiment & produit un ſentiment. en un mot, il détermine l'objet pour lequel le muſicien m'a intéreſſé, & l'avantage, que celui-ci en retire, eſt très grand.

Mais ſi le poëte fournit les maſſes; quelle diſtribution d'ombres, de couleurs & de nuances va naître de l'art muſical! quelle longue déclamation, quels vers pompeux, quelles penſées touchantes &

ſortes exciteront les mêmes ſenſations, que les accens du muſicien! quelle tirade harmonieuſe produira un effet auſſi grand qu'une ſeule penſée développée dans le diſcours muſical! combien le compoſiteur ajoutera au patéthique d'une ſituation, s'il connoît les reſſources de ſon art! comme il développera l'eſquiſſe du poëte! comme il me fera frémir de terreur ou de pitié! ſoupirer de volupté ou d'amour! le poëte occupe ma penſée; le muſicien remue mon cœur. je lis avec intérêt Racine ou Metaſtaſe: c'eſt par des larmes que j'applaudis à Sacchini, ou à ſon illuſtre élève, à Pugnani, àEichner. ſans le geſte, ſans la muſique, j'admire froidement le poëte; mais ſi le Muſicien étend, développe, embellit les idées du premier; ce n'eſt que par ma ſenſibilité que je rends hommage à ces enchanteurs: ils diſpoſent à leur gré de mon être: je n'entends plus, je ſens.

Oui: LA LANGUE DU MUSICIEN A, SUR CELLE DU POËTE, L'AVANTAGE QU'UNE LANGUE UNIVERSELLE A SUR UN IDIOME PARTICULIER. je le dis avec confiance; parce que je le dis d'après un homme illuſtre; mais je le dirois de même quand je ſerois le ſeul de mon avis; parce que je ſens ainſi; & je n'ai point encore vu le ſentiment tromper celui qui le conſulte de bonne foi. les grands hommes ne ſe ſont élevés, que parce qu'ils ont cédé à cette voix intérieure, qui leur commandoit, qui les entraînoit, qui étouffoit cette timidité ſervile, qui, du reſte des humains, fait de débiles imitateurs.

Réſumons ceci, en l'appliquant au cas particulier qui a occaſionné ces réflexions.

Une SYMPHONIE ne peut jamais être qu'une imitation de ſons inarticulés; le vrai genre du Muſicien eſt donc l'imitation de certains phénomènes de la nature. tels ſont une orage, une tempête, le mugiſſement des vagues, le tonnerre, le bruit des vents &c.

Le Muſicien peut exprimer avec la plus exacte vérité toute ſenſation qui produit des ſons inarticulés. c'eſt ainſi qu'il nous donnera l'idée d'une bataille. s'il imite la foudre des dieux, il peut auſſi faire entendre le tonnerre des humains. il gémit avec les bleſſés; il pouſſe des cris de joie avec les vainqueurs.

Le muſicien peut encore exprimer, ſans d'autres ſecours que ceux qu'il tire de ſon art & de ſon génie, la douleur, le déſeſpoir, la tendreſſe.

Le poëte donne à ces tableaux de la préciſion: il détermine l'objet: il nous apprend quelle beauté inſpira cet amour, quel malheur fit naître ce déſeſpoir. la flutte gémit: le haut-bois ſoupire: Fenelon nomme Eucharis, & peint Calypſo. les penſées muſicales ſont donc eſſentiellement & néceſſairement diſtinctes des penſées poëtiques.

Je ne ſais s'il eſt un homme inſtruit, qui croye que le muſicien a plus d'obligations au poëte, que celui-ci n'en peut avoir au muſicien. mais je ſoutiens que celui-là, quel qu'il ſoit, ſe trompe; & nous en avons heureuſement en France des preuves nombreuſes . . . . ah! s'il falloit au grand compoſiteur d'excellentes paroles, pour nous ravir, GRETRY feroit-il les délices de notre patrie? s'il eſt un Metaſtaſe, il eſt des Sédaines. eh! qui ne s'eſt pas endormi ſouvent, en entendant pſalmodier les chef-d'œuvres de Quilnaut! Jean baptiſte Rouſſeau s'eſt élevè à côté des poëtes lyriques les plus célebres. nous avons de lui des paroles excellentes deſtinées aux muſiciens. quel homme de goût a entendu chanter ces cantates ſans répugnance & ſans ennui?

Oſons le dire, parce que cela eſt vrai: le poëte ne joue qu'un rôle ſubalterne & ſécondaire dans le drame lyrique; & c'eſt ſouvent un bonheur pour le ſpectateur. Certes, l'entrepreneur d'opéras qui diſoit au premier poëte de l'Italie moderne: „ que „ m'importent vos talens? il n'y a point de mau-

„ vais opéras avec un Cafarelli, une Gabrielli & „ un Sacchini"; cet entrepreneur d'operas, dis-je, étoit un insolent; mais il disoit vrai.

1 Quelque chose, qui n'est pas moins vrai, c'est que les bornes de la musique instrumentale sont moins resserrées que celles de la musique vocale. on croira, sans doute, que c'est la fantaisie de soutenir un paradoxe, qui m'inspire en ce moment, mais je prie mes lecteurs de se souvenir qu'un PARADOXE n'est qu'une CONTRE-OPINION (1) & que ce n'est point une singularité blâmable que de soutenir le contraire d'une opinion fausse, quoique généralement reçue. qu'on me lise donc avec quelque attention; je ne serai ni long ni obscur.

D'après la résolution des questions précédentes ne peut-on pas soutenir que les bornes de la musique instrumentale sont moins resserrées que celles de la musique vocale? Ve. QUESTION.

L'on ne sauroit nier que la musique ne soit plus propre à l'imitation, en raison de ce qu'elle est plus susceptible de variété. à cet égard les bornes de la musique instrumentale sont donc plus reculées que celles de la musique vocale; car celle-là

(1) Ce mot est formé de παρὰ (CONTRE) et δόξα (OPINION) . . . .

Encore du Grec! s'écriera, avec humeur, quelqu'un qui apparemment ne l'entend pas . . . eh! Monsieur! ouvrez un lexicon, & vous en saurez dans un moment autant que moi.

eſt plus capable que celle-ci d'imiter la nature; puiſqu'elle comporte infiniment plus de variété. dans la muſique inſtrumentale, chaque inſtrument peut avoir un rôle principal: dans la muſique vocale, chaque inſtrument eſt ſubordonné, & n'oſe paroître, qu'autant qu'il contribue à la plus grande perfection du chant. (1) il y a donc plus de variété dans la muſique inſtrumentale, & par conſéquent, plus de reſſources pour l'imitation. ce n'eſt pas tout.

Le ſujet du chant eſt toujours un objet ou une paſſion déterminée. ce ſujet eſt donc individuel. le ſujet de la muſique inſtrumentale n'eſt au contraire, & ne peut-être qu'indéterminé, c'eſt-à-dire, abſtrait, &, par conſéquent, général: mais ſi le tout eſt plus grand que ſa partie, il ſuit que les bornes de la muſique inſtrumentale ne ſont pas auſſi reſſerrées que celles de la muſique vocale.

Je conviens que l'objet imité eſt plus diſtinctement repréſenté par la muſique vocale que par l'inſtrumentale; mais la perfection en muſique ne dépend pas du degré d'exactitude avec lequel l'ob-

(1) La fantaiſie de compoſer quelquefois des airs pour un inſtrument obligé, ne fait point une exception à cette règle.

jet eſt déterminé. l'impoſſibilité de déterminer l'objet des ſenſations, que le muſicien peint ou qu'il excite, n'eſt pas un défaut. elle ne paroîtra telle qu'à ceux auxquels une organiſation peu favorable ne permet pas de ſentir finement. ils veulent ſe dédommager de cette défectuoſité de leurs ſens. ils veulent remplacer ce qui leur manque en ſenſibilité par le travail de l'entendement. ils exigent des paroles, & l'émotion qu'ils éprouvent en entendant chanter, n'eſt qu'une illuſion. ils croyent avoir ſenti la muſique, & c'eſt aux idées du poëte qu'il faut attribuer leur émotion. les organes plus délicats & plus capables de ſavourer toutes les beautés de la muſique, ſeront tranſportés en raiſon de ce que l'objet ſera moins déterminé. peut-être, préſenter un objet déterminé à une ame ſenſible, c'eſt-il la rétrécir.

Je le répete: on confond aiſément les objets de l'entendement & ceux de la ſenſibilité. Or la muſique ne parle qu'à celle-ci. dans les opérations du premier, il ne faut que des idées diſtinctes, conſéquentes & vraies, pour atteindre la perfection; mais en fait de muſique, les idées diſtinctes ne ſont qu'acceſſoires, & font, *un genre mixte*, qu'on a créé j'oſe le dire moins par néceſſité que par goût pour la variété.

Si la repréſentation diſtincte de l'objet imité, n'eſt pas un attribut néceſſaire de la muſique; ſi au contraire pour imiter diſtinctement, il faut n'embraſſer qu'un ſeul objet & ſes modifications, il me paroît démontré que les bornes de la muſique vocale ſont moins reculées que celles de la muſique inſtrumentale.

Obſervez que je néglige les raiſons ſécondaires. En effet, je pourrois compter au nombre des entraves qui gênent le muſicien vocal, l'oppoſition, qui dans les langues, même les plus favorables à ſon art, ſe rencontre entre le rhythme de la muſique & celui de la langue ſur laquelle il travaille; la conſtruction plus ou moins poëtique de cette langue; ſon harmonie plus ou moins déterminée; le méchaniſme de la verſification, qui donne ou ôte la facilité de traduire la poëſie en langue muſicale; l'indigence de la plupart des poëtes, qui fourniront plus de mots que d'idées ou de mouvemens, plus de déclamations communes & ſans chaleur, que de ſituations. il me paroît donc inconteſtable que le muſicien voit la carrière plus libre, quand il eſt livré à ſes propres forces.

Le reproche qu'on fait à la muſique de n'avoir point d'objet déterminé, me ſemble préciſément auſſi injuſte que ſi l'on exigeoit de la peinture qu'elle repréſentât les actions, les geſtes, les mouvemens, le langage des héros qu'elle retrace à notre vue. Seroit-ce que nous craindrions de convenir que la muſique exerce un pouvoir tout particulier? voudrions-nous confondre ſon empire avec celui de la froide raiſon? la poëſie s'occupe ou doit s'occuper des objets raiſonnables. le délire le plus lyrique ne fait pas, je crois, une grande ſenſation. je prie les hommes de bonne foi, (car je ne parle point aux autres) de me dire, ſi ce n'eſt pas lorsque leurs paſſions ſont liées à la poëſie, que celle-ci les remue puiſſamment? au contraire la muſique & la peinture, qui n'affectent que les ſens, ne peuvent que produire des ſenſations, c'eſt-à-dire, des idées fort obſcures, & quelque fois ſeulement des perceptions.

Et à cette occaſion, je remarquerai que, ſi l'ouie eſt un ſens plus fin que celui de la vue, il eſt évident que les ſenſations produites par la muſique, doivent être beaucoup plus fortes que celles qu'excite la peinture. C'eſt là, ſans doute, la raiſon pour laquelle les amateurs de la peinture, après avoir regardé un tableau, raiſonnent ſur le deſſein, l'ordonnance, le coloris; tandis que les vrais amateurs de la muſique s'abandonnent entièrement aux ſenſations qu'elle éleve en eux, ſans raiſonner ſur l'objet déterminé de ces fenfations. C'eſt même cet enthouſiaſme qui décèle le plus ou le moins de génie, qu'un homme a pour la muſique.

Enfin ce qu'on croit communément être le défaut de la muſique inſtrumentale, conſtitue, ſelon moi, ſa richeſſe & ſon étendue.

Revenons ; & convenons que la muſique inſtrumentale peut décrire certains phénomènes de la nature, exprimer des paſſions, peindre des ſentimens, exciter des ſenſations, qu'à beaucoup dégards même, elle eſt plus étendue que la muſique vocale ; mais que dans un ſujet determiné elle n'atteint le dernier degré d'expreſſion qu'à l'aide de la poëſie, qui peut ſeule déſigner, avec préciſion, Ces objets & certains détails ; qu'ainſi M. R * * a fait ſagement d'avertir dans la nouvelle explication de ſon TELEMAQUE : QUE LES INSTRUMENS NE PARLOIENT PAS . . . . eh ! qui ſait ſi ce n'eſt pas faute de cette précaution, que ſon ouvrage a été critiqué par quelques perſonnes qui ne s'étoient peut-être point faites une idée ni de ce qu'elles alloient entendre, ni de ce qu'elles pouvoient exiger.

M. R * * a-t-il peint dans ſon Telemaque tout ce qu'il pouvoit peindre ? VIe. QUESTION.

En effet, ſi l'on n'attendoit pas de lui la deſcription des lieux, l'exactitude géographique, & les belles phraſes de M. de fenelon, en quoi trouveton qu'il ait manqué son objet ? quel pouvoit-il être? celui de saisir dans M. de fenelon des idées, des tableaux, des situations propres à déployer les richesses de son art; celui d'exprimer les passions qui agitent tour à tour Calypso & Eucharis, Telemaque & Mentor.

Ces passions sont l'amour, la jalousie, l'emportement, l'inquiétude, l'effroi, le désespoir. dans quelle plus vaste carrière pouvoit s'exercer l'art musical?

Le sujet est donc beau; si la hardiesse d'un homme de génie, qui sent ses forces & les veut exercer, n'est pas un tort, on n'a rien à reprocher à cet égard à M. R * *. passons à l'exécution de son ouvrage.

Le compositeur devoit penser d'abord au choix des instrumens, auxquels il vouloit donnerles rôles principaux; car nous avons vu que la connoissance du caractère, de l'étendue, de la nature des divers instrumens étoit un des premiers talens du Musicien.

M. R * * a donc dit: tout mon orchestre me servira pour les grands effets.

Le VIOLONCELLE caractérisera la gravité sévère de Mentor.

Le VIOLON, le plus ſouple, le plus étendu des inſtrumens, le plus ſuſceptible d'exécuter de la Muſique de tout genre, repréſentera Telemaque, qui doit raconter, aimer, gémir, s'irriter.

La FLUTTE exprimera par des ſons doux & voluptueux l'amour de Calypſo, & annoncera ſa jalouſie par la rapidité de ſes variations.

Le plaintif HAUT-BOIS ſoupirera avec Eucharis éperdue pour Telemaque, qui brûle pour elle, & peindra la douleur qu'inſpire à la belle Nymphe la rivalité de la déeſſe.

Les autres inſtrumens à vent; & dans certaines circonſtances, tout l'orcheſtre, exprimeront les différentes impreſſions que ſont ſur les Nymphes de Calypſo les divers événemens, & les paſſions des principaux acteurs.

Telle ſera la fonction de chaque inſtrument, qui concourra à l'objet général par ſon chant particulier, ou par l'effet qu'il produira dans l'enſemble.

Un compoſiteur pourroit demander à M. R * * pourquoi il n'a pas préferé le haut-bois, ce bel inſtrument ſi expreſſif & ſi varié, & peut-être le plus rapproché de la voix humaine, pour peindre l'emportement & les tranſports de Calypſo, & réſervé la flutte douce & moëlleuſe pour exprimer les aveux d'Eucharis. M. R * * lui répondroit à l'oreille, que chacun connoît les exécuteurs dont il peut diſpoſer, & qu'après tout, ce qui eſt-convenable à la flutte, peut être chanté par le haut-bois, lorſque les circonſtances permettront ce changement. peut-être même, à quelques égards, le choix de la flutte, pour jouer le rôle de Calypſo, étoit-il néceſſité par la nature du ſujet. la flutte & le haut-bois ſont deux inſtrumens faits pour exprimer la tendreſſe; mais la flutte eſt beaucoup plus ſuſceptible de variations, plus propre à exécuter ce que les muſiciens appellent LA DIFFICULTÉ. elle permet donc au compoſiteur un ſtile plus varié; tandis que le haut-bois n'eſt vraiment à ſa place que dans L'ADAGIO ou L'ANDANTE. (1) le haut-bois devoit donc être réſervé aux accens plaintifs de l'infortunée Eucharis, dont l'amour eſt ſi contrarié; & qui a tout à redouter de la déeſſe ſa rivale.

D'après cette diſtribution des rôles du drame muſical de M. R * *, je paſſe aux détails des morceaux qu'il renferme.

Le

(1) On auroit tort de compter, comme exceptions, ce nombre ſi petit de VIRTUOSES qui ont étendu, & peut-être, outré leur inſtrument.

Le premier objet qui s'eſt offert à l'imagination de M. R **, c'eſt la tempête qui jetta Telemaque dans l'iſle de Calypſo, & cela devoit être. un compoſiteur qui travaille ſur des paroles, ne laiſſera pas paſſer l'AURORE ſans la faire POINDRE: il n'appercevra point un BOCCAGE, que d'éternels roulemens n'y placent des RAMAGES : autant ſur FLAMME, autant ſur GLOIRE : autant ſur TRIOMPHE, & cinquante autres mots, qui ne ſont que des MOTS, & qui le plus ſouvent tuent la vérité de l'expreſſion ; cependant on le trouve fort bon.

Il faut donc pardonner au Muſicien inſtrumental de s'abandonner avec complaiſance à la foule de ſenſations qu'éleve en lui l'idée d'une tempête. les pénibles ſautillemens du muſicien vocal me feront, tout au plus, admirer le goſier du chanteur : les caprices du compoſiteur inſtrumental me développeront ſon imagination & ſon génie.

Au reſte la tempête du Telemaque de M. R ** a frappé ceux-là mêmes, qui auroient eu grande envie d'en être mécontens; ainſi je ne demanderai pas grace pour elle.

Cette ſymphonie, à grand orcheſtre, peint le commencement d'une tempête occaſionnée par un orage, & ſa progreſſion. ce morceau, de l'imitation la plus vraie, eſt au deſſus de tous les éloges. le vaiſſeau de Telemaque ſe briſe & périt. le Muſicien fait reſſortir au milieu de l'objet principal les nuances de cette cataſtrophe. on entend les ſons aigus des petites fluttes, qui donnent la vérité, au point de faire illuſion. les ſons bas & lugubres des cors inſpirent de la terreur. enfin la mer s'appaiſe par degrés; le calme renaît.

Après cette premiere Symphonie, dont le ſon s'eſt perdu progreſſivement, un court duo du Violoncelle & du Violon, d'un chant triſte, mais gracieux, fait alluſion à la joie que reſſentent Telemaque & Mentor abordés dans l'iſle de Calypſo, d'être délivrés d'un ſi horrible danger. je ſais qu'on a blâme ce morceau; cependant il eſt dans la nature, & M. R * * ne pouvoit guere lui ſubſtituer rien. il ſeroit injuſte de dire qu'il eſt un peu froid après la tempête. le contraſte n'eſt pas trop tranchant, puiſque le calme a préparé à une muſique plus douce.

Calypſo ſe fait entendre, & la flutte exprime ſes premiers accens impérieux & fiers, qui reprochent aux deux infortunés leur témérité; mais la joie que la déeſſe reſſent de l'arrivée de Telemaque, qu'elle a reconnu pour le fils de cet Uliſſe qui lui fut ſi cher, dément bientôt ſa feinte colère. Telemaque invoque sa pitié. Calypso, déjà trop attendrie, permet l'entrée de sa grotte aux deux étrangers. sa suite les accueille à l'envi. ces différentes idées sont indiquées par les chants de la flutte, du violoncelle, du violon & de quelques autres instrumens à vent: elles sont supérieurement enchaînées; rien de disparate, rien de décousu. c'est, sans doute, un des premiers & des plus rares talens du compositeur, que de savoir lier ainsi des phrases musicales, très variées. quiconque s'est rappellé le poëme de M. de Fenelon, ou bien a jetté les yeux sur la courte explication que l'auteur avoit fait distribuer, n'a pu se tromper au dessein de cette espèce de dialogue. c'est dans cette notice que M. R * * demandoit avec autant de raison que de modestie, *qu'on voulût bien se prêter à l'illusion, si l'on trouvoit qu'il n'eut pas tout à fait manqué d'invention.*

Les Nymphes célebrent par des chants & des danses la bonté de la déesse & le bonheur de Telemaque. un chœur, à grand orchestre, retrace leurs jeux. quelques sons détachés de l'ensemble de cette Symphonie, se font entendre; le haut-bois les profére; & c'est ainsi qu'Eucharis annonce l'amour qui vient de naître dans son sein. la gaieté, la vivacité de ce morceau montrent combien est variée l'imagination de M. R * *, qui, dans le même inſtant, par des nuances très fines, mais bien déterminées, s'exerce dans tous les genres, & éveille toute ſorte de ſenſations.

Calypſo demande à Telemaque le récit de ſes aventures. Telemaque obéit, & ſa narration eſt le ſujet d'un long SOLO de violon accompagné par deux *alto* & la *contrebaſſe*, deſtinés à ſoutenir l'harmonie par une ſucceſſion d'accords, qui ne nuiſent point à l'unité du chant.

Ce SOLO eſt coupé par une courte interruption de la flutte, qui repréſente Calypſo invitant Telemaque à ſuſpendre ſon récit, pour prendre quelque repos. cette circonſtance a été ſaiſie par le compoſiteur, pour jetter plus de variété, & contraſter avec le SOLO, autant que pour imiter M. de Fenelon.

Le violon reprend enſuite & continue ſon récit. l'objet de cette pièce eſt de réunir les agrémens & les difficultés dont le violon eſt ſuſceptible, & de rappeller les idées d'attendriſſement, de terreur, de crainte & de pitié, relatives aux aventures que Telemaque raconte.

C'eſt ici le triomphe des critiques: c'eſt ici que des plaiſans ont demandé, OÙ ÉTOIT PYLOS ET BOCCORIS ? ils ne parlerent pas des troupeaux; ils craignoient, ſans doute, qu'il ne fût plus aiſé de les leur montrer.

Cette injuftice ne m'a point étonné. ceux qui ne fentent point, ignorent qu'il eft rare qu'avec beaucoup de bruit on émeuve, & que les efforts d'harmonie mafquent trop fouvent le défaut d'expreffion.

Les mêmes perfonnes, qui trouvent que M. R** fait de la mufique très facile, peuvent trouver auffi qu'il fait d'ennuyeux SOLO. envain Monfieur Brunnings, qui a étudié la fcience muficale en philofophe, & dont le moindre talent eft d'être bon compofiteur & excellent exécuteur, a-t-il trouvé ce *Solo* prodigieufement varié, de l'exécution la plus brillante, & de l'invention la plus rapprochée, qu'il étoit poffible, du fujet principal; on a mieux aimé répéter les oracles prononcés par quelques ignorans partiaux, que l'avis d'un amateur, qui s'honore d'être placé parmi les maîtres (1); on a prétendu que les connoiffeurs, qui applaudiffoient, étoient aveuglés par le fanatifme de l'amitié. enfin un petit nombre de mécontens a critiqué, déchiré, perfiflé ce beau morceau de mufique. mais je le répete; aucun de ces critiques n'étoit en état de l'entendre. on ne fait point en-

(1) *j'ai eu* L'HONNEUR *d'avoir ici Sacchini*, me difoit un jour monfieur Brunnings. Ce mot peint un homme, & ne peut pas fortir de la bouche de la médiocrité.

core aſſez en Hollande quel mérite il y a à être ſimple & uni dans la compoſition, combien un ſon moelleux coûte à produire, combien la variation la plus rapide & la plus recherchée eſt aiſée à exécuter en comparaiſon.

Ils ne ſavent pas, ces juges inexorables, que L'ADAGIO, le moins chargé, demande infiniment plus d'efforts que L'ALLEGRO le plus brillant : que tout paroît dans L'ADAGIO; que tout paſſe dans L'ALLEGRO : que TARTINI fut célebre & vraiment grand parmi les artiſtes, pour avoir ſaiſi le vrai genre de L'ADAGIO : que ce genre eſt celui de très peu de muſiciens; parceque peu d'entr'eux ſont aſſez forts pour l'embraſſer : que NARDINI, NAZARI, BARBELLA ſont morts, & qu'il n'eſt, peut-être, que RAIMONDI en Europe qu'on puiſſe regarder comme leur ſucceſſeur; que les autres violons étonnent; mais que celui-ci touche. cette muſique, qui paroît ſi facile & ſi ſimple ſous ſes doigts, réunit toutes les difficultés. Tel artiſte du ſecond ordre, qui joue les ſolo des CRAMMER, des LOLLI, des JARNOWIK, ſe conſume en vains efforts, quand il étudie ceux de *Raimondi*...... mais, encore une fois, comment entendroient-ils cela, ceux qui ne ſavent pas même évaluer un ſon, qui prétendent que M. R** n'en tire point aſſez de ſon violon, qui ne s'appercoivent pas qu'il convre ſon orcheſtre, & que c'eſt le comble de l'art d'être un foudre dans la Symphonie, & une flutte dans le Solo.

Ils croient ces hommes froids & injuſtes. qu'on peut juger les talens, ſans en avoir, que le goût en muſique eſt une choſe arbitraire. il ne l'eſt pas plus que dans tous les autres arts. le goût à ſes principes invariables: la beauté en tout genre a ſes règles & ſes loix: je ſais que le génie crée la beauté, que l'eſprit ſe proſterne devant les inſpirations du génie, & quand l'enthouſiaſme de l'admiration laiſſe la faculté de réfléchir & de juger, le goût forme des règles, & ces règles deviennent le code du génie.

Mais on peut rendre raiſon de la beauté. ſi elle eſt plus ſuſceptible d'être ſentie que démontrée, il n'en eſt pas moins vrai qu'elle n'eſt point arbitraire, pas plus en poëſie qu'en muſique, pas plus en muſique qu'en peinture.

Demandez aux FARINELLI aux CAFARELLI, aux GABRIELLI, aux CAMPOLINI (1) aux

(1) L'on ſeroit bien étonné, ſi l'on ſavoit à Amſterdam que la Signora Gabrielli, à ſi juſte titre admirée de l'Europe entière, n'a pas tant de voix que la Signora Campolini.

MINGOTTI ſi c'eſt à d'heureux caprices qu'ils doivent leurs ſuccès ? demandez leur ſi c'eſt à la beauté de leur organe ? non pas même à ce dernier avantage, quelque immenſe que ſoit ce don de la nature.

FARINELLI avec l'étendue de voix la plus rare, (1) la flexibilité la plus inconcevable, (2) exécutoit des choſes au deſſus de la portée & de la force des inſtrumens. *Farinelli*, lui dit l'Empereur, *il y a longtems que vous nous étonnez, il eſt tems de nous toucher.* ce mot alla juſqu'à l'ame ſenſible de Farinelli. De ce moment il dédaigna ce qu'il avoit admiré juſqu'alors; il ſe livra tout entier à l'expreſſion, en fit l'étude la plus opiniâtre, & fut bientôt par lui même que le ſimple eſt en tout le beau & le difficille. Continuons l'examen de l'ouvrage de M. R * *.

(1) *Farinelli*, nommé auſſi le Chevalier Don Charles *Broſchi*, avoit de plus que les voix ordinaires de deſſus, ſept ou huit tons ſonores.

(2) Il y a eu un autre chanteur, peut-être plus étonnant. C'eſt le Chevalier Balthaſar *Ferri*, Perouſin, qui montoit & deſcendoit, tout d'une haleine, deux octaves pleines par un trill continuel, marquant tous les degrés chromatiques, il eſt mort le ſiècle dernier.

Calypſo applaudit au récit de Telemaque. les Nymphes imitent la déeſſe, & exécutent un chœur qui ne reſpire que la joie. on n'a point remarqué que ce morceau de muſique abſolument dans le genre du IVe ; étoit cependant d'un chant tout à fait différent.

Envain la déeſſe dont la tendreſſe s'accroît à chaque inſtant, s'efforce de ſéduire Telemaque. il reſſent une paſſion qu'Eucharis partage, & contre laquelle les leçons de Mentor doivent échouer. les deux amants ſe recontrent. le violon & le haut-bois expriment leurs aveux & leurs tranſports. Calypſo ſurvient : la flutte peint la fureur de la déeſſe, qui n'eſt que plus irritée en entendant les excuſes de la Nymphe & de ſon amant. ce trio contraſté avec un art infini & qui offroit l'inexprimable difficulté de réunir deux chants d'un genre abſolument différent ſous les mêmes accords & le même Rhythme, n'a ſeulement pas été remarqué.

Vaines ſupplications prés d'une amante irritée. Calypſo ordonne à Telemaque de ſortir de ſon iſle. Mentor empreſſé d'obéir, conſtruit un vaiſſeau & entraîne le jeune Grec. Calypſo déſeſpérée de l'ordre que lui a arraché ſa colère, excite ſes Nymphes : elles allument des flambeaux ; elles courent comme des Bacchantes; elles pouſſent des hurlemens; déjà le feu dévore le vaiſſeau...........

Je ne ſerai point étonné que les flegmatiques auditeurs qui n'ont rien ſenti, en entendant cette muſique ſupérieure, demandent en liſant ceci, *où cet enthouſiaſte a-t-il donc vu tout cela?* ..... hommes impaſſibles! je n'ai point VU *allumer les flambeaux;* je n'ai point VU *courir;* je n'ai point VU *lancer des torches embraſées ſur le vaiſſeau;* parce que la muſique ne peint pas les geſtes & les actions purement phiſiques; mais j'ai ENTENDU l'agitation la plus grande, qui m'a remué jusqu'au fond du cœur; j'ai ENTENDU des plaintes, des cris, des hurlemens. les ſons les plus variés & les plus artiſtement enchaînés m'ont donné l'idée d'un trouble qui m'a prodigieuſement ému. j'ai SENTI que le compoſiteur avoit imité jusqu'au bruiſſement des flammes. j'ai PENSÉ que quelque confus que fuſſent néceſſairement ces détails, cette excellente Symphonie produiſoit les plus grands effets, & qu' ainſi l'auteur avoit rempli ſon but.

Je n'ai point VU non plus Telemaque précipité dans la mer par Mentor; & je m'en ſuis conſolé; parce que je ſavois bien que je n'avois pas projetté d'aller VOIR des Marionettes. mais, j'ai SENTI le contraſte de ſentimens exprimé par le beau duo du Violoncelle & du Violon, qui ſuccede à l'incendie du vaiſſeau. j'ai SENTI avec quel art le compoſiteur nous a peint l'amant d'Eucharis ſe réjouiſſant de ſe voir rengagé dans ſes liens, tandis que Mentor gémit ſur l'aveuglement de ſon jeune élève. (1)

Les Nymphes pleurent la fuite de Telemaque, gémiſſent du déſeſpoir de la déeſſe. ce chant douloureux eſt de la mélodie la plus touchante; le muſicien avoit ici un grand écueil à éviter; celui de ſe livrer à ſes forces & à ſa ſenſibilité, car il devoit paſſer d'une douleur naiſſante aux tranſports du déſeſpoir & de la fureur.

En effet, Calypſo inconſolable vient mêler ſes cris aux triſtes accens de ſes Nymphes, & la douleur commune s'augmentant par la réunion de tant de plaintes, cette Symphonie, à grand orcheſtre, atteint progreſſivement le dernier degré de l'énergie; je dirois presque du délire.

D'après cette analiſe, dans laquelle je me ſuis méfié de la chaleur que pouvoit m'inſpirer le ſouvenir des ſenſations qu'excita en moi la muſique de M. R * *, & qui n'eſt, j'oſe le dire, que ri-

(1) L'imitation du bruit qu'un homme fait en tombant dans l'eau, en ſe débattant, en revenant par l'élaſticité du fluide au deſſus du flot qui l'avoit d'abord englouti, eſt de la plus grande vérité.

goureusement équitable, je soutiens que son Telemaque est son meilleur ouvrage, & ne peut qu'augmenter la haute idée qu'avoit donnée de ses talens la musique instrumentale qu'on connoissoit déjà de lui. jamais il n'avoit pris un tel essor; jamais il ne s'étoit essayé à des tableaux d'une composition si savante, si difficile & si variée. il n'est point resté au dessous de son sujet: il a fait ce qu'il pouvoit faire; puisqu'il a saisi tout ce qu'il pouvoit imiter, & que sa composition a toujours été douce, agréable, forte, touchante, selon qu'il devoit employer ces différens genres d'expression.

Je n'ai point dit qu'on ne pût faire mieux. le Telemaque de M. R * * est d'un genre absolument nouveau, & le premier pas dans une carrière, est fort éloigné du dernier. j'ai trop d'opinion des talens de M. R * * pour n'être pas sûr que quand lui-même pourra juger rigoureusement sa pièce, après l'avoir entendue plusieurs fois, il élaguera quelques longueurs, fera quelques changemens, que lui seul peut encadrer dans son ouvrage. Ce grand compositeur a la livrée du vrai talent, (1) je veux dire

(1) La devise de tout homme à talens devroit être prise dans ce vers, par lequel Pope peint un litterateur Anglois estimé.

In Wit a man, simplicity a child.

L'ESPRIT D'UN HOMME, LA SIMPLICITÉ D'UN ENFANT.

la modeſtie. il ſeroit bien empreſſé ſans doute de profiter des avis des connoiſſeurs ; car le goût qui ne crée pas, ſeconde cependant le génie, en modérant ſes écarts ; mais ce n'eſt pas une critique vague & non raiſonnée, qui peut lui être utile ; & s'il ſait ſe rendre juſtice, il la dédaignera. (1)

Que ſi les mécontens repondoient à tout-ceci, *qu'on ne fait point croire aux gens qu'ils ont eu tort de s'ennuyer, & que toutes mes raiſons viennent ſe briſer contre cet axiome :*

Je conviendrai que cette réfutation eſt laconique, & qu'on croiroit volontiers un moment, ſi l'on n'y regardoit pas, qu'elle eſt raiſonnable. mais je répondrai ; (car enfin il faut répondre.)

1°. Que celui qui dit cela, eſt juge & partie ; parce que, s'il prétend que le tort eſt à celui qui *l'ennuie*, & que celui-ci prétende que le tort eſt à *l'ennuyé*, il faut qu'un tiers décide.

2°. Qu'il y a des gens qui *s'ennuient* de tout, & ce ſont ordinairement les ENNUYEUX.

(1) Je n'ai pas ſes talents aſſurément, & cependant j'en dis autant. celui qui me prouvera que j'ai tort, me rendra ſervice ; mais celui qui ne me répondra que par des injures ou des plaiſanteries vuides de raiſons, me donnera presque de l'orgueil, & à coup ſûr de l'opiniâtreté.

3°. Qu'on ne *peut pas* plaire à tout le monde, & qu'il ne *faut pas* plaire à tout le monde.

4°. Que lorsque je m'amuse à un concert, je me trouve beaucoup plus heureux que celui qui s'y ennuie, qu'en conséquence il me seroit dur de recevoir la loi de celui qui est moins heureux que moi; car mon sort empireroit à coup sûr.

5°. Qu'il y a des personnes mal organisées: telles sont celles qui n'aiment pas la musique, & il est évident que leur organisation est en effet défectueuse; puisqu'elle s'oppose à ce qu'ils goûtent ces jouissances que procure la musique à ceux qui en fornt leurs délices. mais si ces personnes s'ennuient, sera-ce la faute du compositeur? je dis que ce sera la leur: pourquoi venoient-elles au concert?

5°. Qu'il y a des *gens tranchans*, qui donnent le ton.
des *gens complaisans*, qui l'adoptent.
des *gens obligeans*, qui le répétent.
des *gens ignorans*, qui croient aveuglement les autres.

Ces quatre sortes de *gens* ne font, selon moi, qu'une Classe. ainsi il suffit d'avoir répondu à l'un d'eux. quand ils voudront bien avoir chacun un avis & le motiver, on essaira de les convertir, ou de s'instruire à leur école.

Je finis . . . . Lecteur, n'en est-il pas tems?

permettez moi d'esquiver la réponſe, & croyez que ma conſcience (car tout écrivain a la conſcience de ſon talent) me dit à peu près ce que vous me diriez.

L'embarras, où j'étois, en me mettant à l'ouvrage, me revient encore à l'eſprit; ainſi je finis comme j'ai commencé. Je ne ſais quel titre donner à ceci..... mais qu'importe après tout le TITRE? peut-être, & presque ſûrement, cette bagatelle ne mérite pas un TITRE. ſi par une bonté d'ame, en vérité trés méritoire, vous trouviez le contraire, Lecteur, vous voudrez bien y mettre celui qui vous plaira davantage.

Ceci s'adreſſe à vous, eſprits du dernier ordre,
Qui, n'étant bons à rien, cherchez ſurtout à mordre.
Vous vous tourmentez vainement.
Croyez-vous que vos dents impriment leurs outrages
Sur tant de beaux ouvrages?
Ils ſont pour vous d'airain, d'acier, de diamant.

(La Fontaine.)

ERRATA.

P. 7. l. 19. l'Hollandois, lisez le *Hollandois*,

P. 16. l. pénultieme, ressembla, lisez: *ressemblât*,

P. 17. l. 4. ie, lisez: *je*.

même P. l. 21. indépendemment, lisez: *indépendamment*.

P. 18. l. 4. Voià, lisez: *Voilà*.

P. 26. l. 16. conclue, lisez: *conclus*.

P. 36. l. 15. dimmuer, lisez: *diminuer*.

P. 39. l. 7. Tèhmistocle, lisez: *Thèmistocle*.

P. 67. en note PANTOMINE, lisez: *Pantomime*.

www.ingramcontent.com/pod-product-compliance
Ingram Content Group UK Ltd.
Pitfield, Milton Keynes, MK11 3LW, UK
UKHW020930180726
13838UKWH00002B/865